評言社 MIL 新書

CIPPS 到来！
業界大転換期を乗り切れ

薬局マネジメントを劇的にバージョンアップする

狭間 研至
Kenji HAZAMA

001

評言社

まえがき――CIPPSという大転換が起こっている

２００６年に薬学教育が6年制に移行し、これからは「医療現場で活躍の場をより広げる臨床薬剤師が増えるのだ！」という熱気があふれた時期はあったものの、薬局ビジネスというのは、６年制の教育を受けた薬剤師が輩出された以降もあまり変わることはありませんでした。

処方箋を発行する医療機関のすぐ近くで、患者の動線を計算した場所に出店して、処方箋をできるだけ応需。あとは、「早く、正しく、わかりやすく」をモットーに、処方された医薬品を調製して、説明とともに患者に交付。これら一連の流れを遅滞なく薬歴に記録して一丁上がり、という作業を淡々と積み重ねる場所が薬局であり、その業務に法律上求められる専門職が薬剤師であるという構図は、ずっと変わらずにきたように思います。

もちろん、疑義があれば照会したり、お薬手帳をチェックして重複を発見したり、アドヒアランスを確認して残薬の存在に気づいたりと、薬剤師はいろいろな働きかけをしてきたでしょう。しかし、そこに「薬剤師でなければならない」という理由が、法律で規定されている以外にあったのかというと、昨今の機械化やICT化の進歩の影響もあり、微妙な感じになっているのではないかと思います。

ビジネスとしては、全国展開する調剤薬局チェーンがM&Aの攻勢を強め、商社やコンビニエンスストアと連携したり、ドラッグストアが調剤業務併設の店舗を展開したりすることで、経済ニュースなどで薬局が取り上げられるようになりました。大企業の資金が投入され、さまざまなところのブラッシュアップが可能になり、きれいな場所にきれいな店舗、最新の調剤機器や専任のスタッフがいる教育システムなどなど、「早く、正しく、わかりやすく」という業務をより効率的かつ効果的に行うための仕組みが具現化されてきています。

調剤報酬制度も劇的な変化はなく、薬学教育6年制になったとしても、薬局や薬剤師は変わらない……。そう思ってきましたが、今、状況は激変しています。

予兆はなんとなくありました。

2015年に突如、内閣府の規制改革会議（当時）の公開ディスカッションで、「医薬分業」がテーマとして取り上げられました。そこでは、「医薬分業に意義はあるが、現在の医薬分業制度は形骸化し、改革が必要である」という結論に達しました。これを受けて、当時の塩崎恭久厚生労働大臣が「患者本位の医薬分業」を達成し、「病院前の景色を変える」と宣言しました。この後、厚生労働省から『患者のための薬局ビジョン』が発表され、門前からかかりつけ、そして地域へというビジョンの中で、「立地依存から機能依存へ」「対物業務から対人業務へ」「バラバラから一つへ」という方針が打ち出されました。

さらに、点数としてはそれほど大きな影響はありませんが、2016年診療報酬改定では「薬剤総合調整加算」、2018年調剤報酬改定では「服用薬剤調整支援料」が新設され、薬剤師から医師への情報提供が評価されるようになりました。

そして、2018年から始まる『薬機法』（医薬品医療機器等法）改正に向けた議論の中で、薬剤師による服用後のフォロー義務化の流れが明らかになり、2019年

4月2日に厚生労働省から出された『0402通知』では、「調剤業務のあり方について」で一定の方向性が示されました。

それによって、薬剤師以外のスタッフが薬剤師と協働して調剤業務に取り組むイメージが見えるとともに、薬剤師がより対人業務に向かえるような環境を整備しやすい状況になりました。

さらに、2020年3月には、薬剤師が必要に応じて服用後も継続してフォローすることを義務づけ、医師への情報提供を努力義務とした『改正薬機法』が成立しました。そして2020年度の調剤報酬改定では、調剤基本料を引き下げる立地依存型の薬局の範囲を拡大するとともに、14日以下の調剤料を減額、さらには、服用後のフォローに関する項目がいくつか新設されるなど、2015年の『患者のための薬局ビジョン』が具現化されそうな流れになってきました。

そういう変革の流れの中で出てきたのが、2019年冬に中国・武漢で感染が拡大したCOVID-19（新型コロナウイルス感染症）でした。当初は、日本への関わりは大きくありませんでしたが、横浜に停泊したクルーズ船での感染拡大以後、急速に広まりました。日本のみならず世界のあり方そのものが大きく変わる中で、医療業界でも、まさに大変革が起こっています。

医師としてみると、医療の現場で患者の受療行動が大きく変わっていると思いますし、その影響を実感しています。同時に、薬局経営者としては、COVID−19によって薬局業界にもたらされるパラダイムシフト（COVID-19 Induced Pharmacy Paradigm Shift；CIPPS）が急速に現実のものとなっています。この大変革に、薬局や薬剤師のあり方を対応させていくためには、小手先の対策では不可能で、業界全体のトレンドや状況を俯瞰したうえでの系統的なマネジメントが欠かせません。

本書では、わが国の医療の現状を考えるとともに、薬局や薬剤師はどういうビジョンを描き、どう行動すべきかということを、医師・薬局経営者としての立場から考えてみたいと思います。

狭間 研至

もくじ◎ＣＩＰＰＳ到来！　業界大転換期を乗り切れ

第8章
人間の本能を理解する——自分自身に変革を起こすためのポイント

第1章

今、医療の現場で起こっていること

——医師としての実感

ＣＯＶＩＤ−19の感染拡大によって、日本の医療のあり方が大きく変わってきています。

私自身が大阪の中小病院で、外来、入院診療にあたる中で、その変化を実感しています。しかもそれらの変化は、１９９５年に医師になって以来、経験したことがなかったものです。

現在の「調剤薬局」という業界で何が起こっているのかを理解し、今後の展望を持つためには、処方箋の「上流」とも言える医療業界で何が起こっているのかを理解しておくことが欠かせません。

ＣＩＰＰＳ（ＣＯＶＩＤ−19によって薬局業界にもたらされるパラダイムシフト）に対応するための基本的な方向を把握し、有効な対策やマネジメントを立案していくためにも、まずは、その劇的な変化について説明しておきましょう。

医療機関が「行きたくない場所」に

そもそも、患者が薬を処方してもらうには、必ず医療機関を訪れ、対面で医師の診察を受けたうえで処方箋を発行してもらうことが必須でした。遠隔医療、オンライン診療については長い間議論されてきましたが、やはり医療の安全性や信頼性の問題から、あくまでも一部が限定的に始められるようになったに過ぎません。また、診療報酬上の評価も低く、積極的に取り組める状況ではありませんでした。しかし、COVID−19の感染拡大は、医療の大前提を崩しつつあるのです。その背景にあるのは、患者の心理的変化とそれに伴う行動変容です。

それは、患者が感染を恐れて医療機関に行くことを躊躇しはじめたということです。特に、医療機関の待合室はその構造上、いわゆる三密の状況になるだけでなく、そこに何らかの感染症（COVID−19に限らないのですが）を持った人がいる可能性が一般の場所よりも高い、と考えるのも無理はありません。

もとより、医療機関にかかる方は、何らかの疾病を持っている方なので、自身の健康管理には人一倍気を使っています。したがって、医療機関の待合室には行きたくないという患者が増えるのは当然のことですが、ある意味では衝撃的なことです。

私の診察室に来る患者と話をしても、病院の中に入るのが怖い、という方が少なからずいるのです。また、実際に「病院の前には来ているのだけれど、体調は変わらないし、薬もきちんと飲めているし、中に入りたくないから先生にいつもの薬を出してくれと言ってほしい、という患者が来ていますけど、どうされますか?」と事務スタッフが少し困惑して診察室までやってくるというケースは、一度や二度ではありませんでした。

受診控えと長期処方化という二つの変化

一方、病院としては、COVID–19の対策として、玄関前で検温や感冒様症状の有無をチェックします。そして、感染の可能性が少しでもあって、歩いてくることができる状態の方は自宅での療養が指示されていることを伝え、場合によっては解熱薬や総合感冒薬を処方したり、OTC医薬品(市販薬)で対応したりするように指導してお引き取りいただいていました。

また、その時の装備はフェイスシールドにガウンと手袋という、多少ならずとも物々しい感じになり、道行く人が不安そうに見ながら足早に通り過ぎるといった状況になりました。

そういったこともあって、患者や受診に付き添ってこられる家族や介護スタッフは、なお一層「医療機関にはなるべく行きたくない」と考えるようになりました。つまり、治療や症状の安定化のために薬は必要だけれども、COVID-19への心配や、種々の手続きや仕組みの煩雑さに、医療機関（特に待合室）に行きたくないという方が増えてきたのです。

こういった心境の変化は、患者の行動に二つの変化をもたらしました。

一つは、不要・不急な受診は控えようとすること。そしてもう一つは、1回受診すれば、できるだけ長期の処方を出してもらって、次回の診察を先に延ばそうとすることです。

不急な受診は百歩譲って理解できるとしても、「不要な受診とは？」という疑問についてはちょっと置いておきますが、いつもの風邪薬、ちょっとした腰痛の湿布といった患者は、ほぼほぼいなくなったと思います。

また、14日処方や28日処方の方が多いのですが、「本当は先生の顔を見たいんやけど……」というお世辞を言うものの、「こういう時期ですし、できるだけ長く処方してください」と言ってくるようになりました。

このような変化は、頭では理解できるのですが、医師になって初めての経験ということもあり、私自身戸惑いがあるのも事実です。

『0410事務連絡』の衝撃

さらに、唐突の感がありましたが、2020年4月10日に厚生労働省から発出された事務連絡（以降『0410事務連絡』という）では、専用のシステムを用いた、いわゆるオンライン診療ではなく、電話や情報通信機器等を用いた診療も、時限的・特例的に行うことが可能になりました。従来、対面での診療は、ある意味では金科玉条でした。

単に変革を拒むというのではありません。実際に対面で診察しないとわからない面があるので、私自身、医師として正しい診断、正しい治療を行うためには、対面での診察は当然であると考えてきました。

いわゆる遠隔診療の議論が幾度となく湧き上がってきた時にも、生活習慣病の処方継続であればそれほど問題はないかもしれませんが、初診の患者については、やはり医療の安全性や患者のメリットを考えれば、対面診療は絶対的なものではないかと思います。

今回のCOVID‐19の感染拡大への対応が議論される中でも、当初は病状が安定した患者の再診のみが認められる方向でした。しかし、未曾有の状況が明らかになったこともあってか、この事務連絡においては、受診歴はあるけれども定期的に受診していなかった患者や初診の患者についても、電話等での診療が認められたのです。まさに、特例的なものだと思います。

さらに、多くの患者においては、医師の診療後に処方箋が発行され、それを患者が自分で薬局に持ち込むことで調剤してもらい、その薬を受け取る（購入する）ということが基本でしたが、患者が指定した薬局にファクスで処方箋を送付することが認められました。

保険医療機関と保険薬局は、構造的・機能的・経済的に独立することが求められていますので、医療機関から薬局に直接ファクスするというのは、保険診療の中ではありえませんでした。以前、中規模以上の病院でしばしば見られた「ファックスコーナー」も、担当者は地域薬剤師会のスタッフなど、病院の職員ではないということで、この条件をクリアしてきたわけです。しかし、今回の時限的・特例的対応とはいえ、医療機関から直接薬局に処方箋をファクスするというのは、驚きでした。

なお、余談になりますが、今回の『0410事務連絡』における遠隔での診療の認可は、データ通信の際のセキュリティや、患者、医師の真正性の確保、しっかりした専用システムに基づくオンライン診療が解禁された結果というわけではありません。あくまでも、COVID–19の感染拡大という非常事態における時限的・特例的措置として、従来のオンライン診療とは別枠で議論され実行されているものだと理解しておくのが正しいでしょう。

それはさておき、『0410事務連絡』に端を発する一連の流れは、いったい何を意味するのか。あまりにもドラスティックな変化に、私自身も最初はどういうことかピンときませんでした。しかし、実際に電話での再診を始めてみると、大変なことが起こっていることにあらためて気がつきました。

それは、患者が医療機関に行かずに処方箋を受け取る時代が突然に到来しているということでした。まさに、大変革と言っても差し支えのない変化が医療の最も上流で起こっているのです。

特に、「患者が医療機関を受診して……」というところが業務フローの一番目にあることで、調剤薬局はその立地を競ったり、待合室のアメニティを拡充したり、医療機関のファクスコーナーから選んでもらえるように工夫をしたりと、さまざまな取り組みをしてきました。それが、患者が医療機関に来なくなり、処方箋がファクスや郵送されるということになると……。

そうです。病院前の立地ということに意味がなくなります。また、薬局から薬を郵送して、服薬指導は電話で行うということも、『0410事務連絡』では可能になっています。そういった部分でのサービスを競って患者に選んでもらうように働きかけようと思えば可能ですが、現実問題、患者は薬については取りに来ることが多いようです。

自分の体調維持や病気の治療に必要な薬は、医師には会えなくても薬剤師から直接受け取りたいという思いがあるのかもしれません。

いずれにしても、最後は患者が薬局へ薬を取りに行くとなると、患者の薬局選びは、自宅や仕事場から近い場所にある、あるいは日常生活の行動において便利な場所（例えば、スーパーに近いとか）にある、親切な対応をしてくれることが重要なファクターになるのではないでしょうか。

第2章

薬局では何が起こっているのか

——薬局経営者としての実感

前章では、私が医師として働く中で実感する変化を説明してきました。それとともに、私は自分で薬局の経営も行っていますので、スタッフの状況や種々のデータをフォローしつつ、薬局のあり方にも当然ながら大きな関心を持っています。

私が経営するこの10年来、一般社団法人薬剤師あゆみの会や一般社団法人日本在宅薬学会などで多くの薬局経営者や薬剤師と意見交換し、時と場合によってはかなり込み入った話も見聞きしてきました。

このような観点から、COVID-19の感染拡大やそれに対応して発出された『0410事務連絡』が、薬局にどういった影響を及ぼすのか、あらためて考えてみます。

患者の流れが変わる

医師のオンライン診療と同様、薬剤師のオンライン服薬指導も慎重に進められてきました。医療用一般用を問わず、医薬品は対面での指導が原則であることから考えれば、当然のことでしょう。

オンライン服薬指導については、2018年の調剤報酬改定で「特区」として限定的に解除されたことはありましたが、なかなか進まずに周知されてきませんでした。しかし、今回のCOVID-19の感染拡大で、『0410事務連絡』の中で薬局も医師と同様に、電話等での業務が可能になったことは前章でも触れました。これにともない、薬局でも大きな変化が三つ現れていると考えています。

一つは、医療機関からファクスで送られた処方箋情報を「処方箋」として扱って調剤してもよくなり、原本は後日、医療機関から郵送されてくることになりました。薬局では今まで、患者から処方箋そのものを受け取って初めて調剤を正式に応需することになっていましたが、それがファクスによる処方箋情報でよくなったというのは、画期的な変容です。

二つめは、服薬指導を電話等で行うことや、医薬品を郵送等で患者に届けることも可能になったことです。それにともない、対面が大原則とされ、特別な仕組みを用いた特区での事例であった遠隔での服薬指導が、専用のソフトを用いずとも電話等で行えるようになり、医薬品を送ることが可能になりました。つまり患者が薬局に足を運ばなくてもよくなったのです。

そして、最後の一つは、それら一連の業務に、対面と同じ調剤報酬が適用されるようになったことです。このことは、経営的にもオンライン服薬指導を進める状況になってきたということになります。

これら三つの変化によって、患者の流れ、行動パターンが大きく変わるでしょう。これまでは、自宅➡医療機関➡薬局➡自宅という、言わば「ゴールデン・ルート」がありました。しかし今や、自宅で遠隔診療を受け、処方箋をファクスで自宅近くの薬局に送ってもらい、そこへ薬を取りに行く、あるいは必要な薬は電話で服薬指導＋薬の送付という流れで入手できるようになっているのです。

COVID-19がもたらした3つの変化

	Before Corona	With Corona
①処方箋	医療機関受診後、 患者が薬局に持参	電話等診療後、 ファックス送信可
②服薬指導・医薬品受け渡し	原則対面 （特区のみオンライン服薬指導について調剤報酬適応）	電話等服薬指導・医薬品送付可 （対面と同様の調剤報酬）
③受療行動	自宅 ⇩ 医療機関 ⇩ 薬局 ⇩ 自宅 （ゴールデンルート）	■自宅でオンライン診療 ■オンライン服薬指導 ■医薬品送付可
薬局選びの基準	医療機関から 立ち寄りやすく 待たないところ （立地）	自宅近くか 生活圏内で 安心できるところ （機能）

門前調剤薬局モデルの危機

さらに、ＣＯＶＩＤ−19は患者の受療行動にも大きな変化をもたらし、医業経営にはもちろんですが、薬局経営にも甚大な影響を及ぼすことが明らかになってきました。というのも、多くの薬局は、近隣の医療機関から発行される処方箋を応需する業務に特化しており、処方箋枚数が売上に直結するというビジネスモデルをとっているためです。

ＣＯＶＩＤ−19の感染拡大の中で、患者が医療機関の待合室に行きたくないという感覚を抱くようになったことは述べました。その中で、不要・不急の受診控えが起こるとともに、１回の処方日数は長くなってきました。もし、従来の倍の日数の処方箋を出すとなると、延べ患者数は理論上半分になります。

そうなると、医療機関だけでなく、医療機関に隣接して処方箋を数多く応需していた薬局も、患者の数が大きく減少する可能性があります。実際、２０２０年４月度のいくつかのアンケート調査でも、医療機関、薬局ともに、患者数や売上が大きく減少

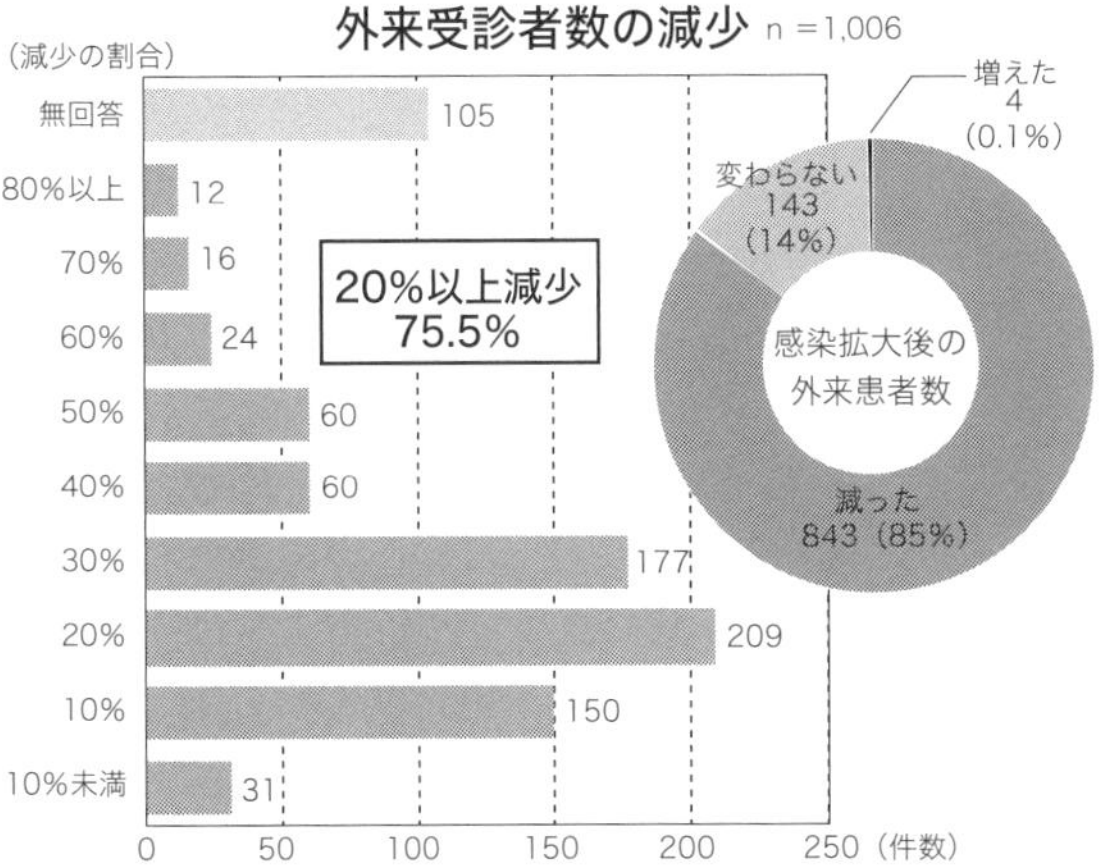

出典：「新型コロナウイルスの感染拡大による医療機関の影響について
緊急アンケート」（大阪府保険医協会）

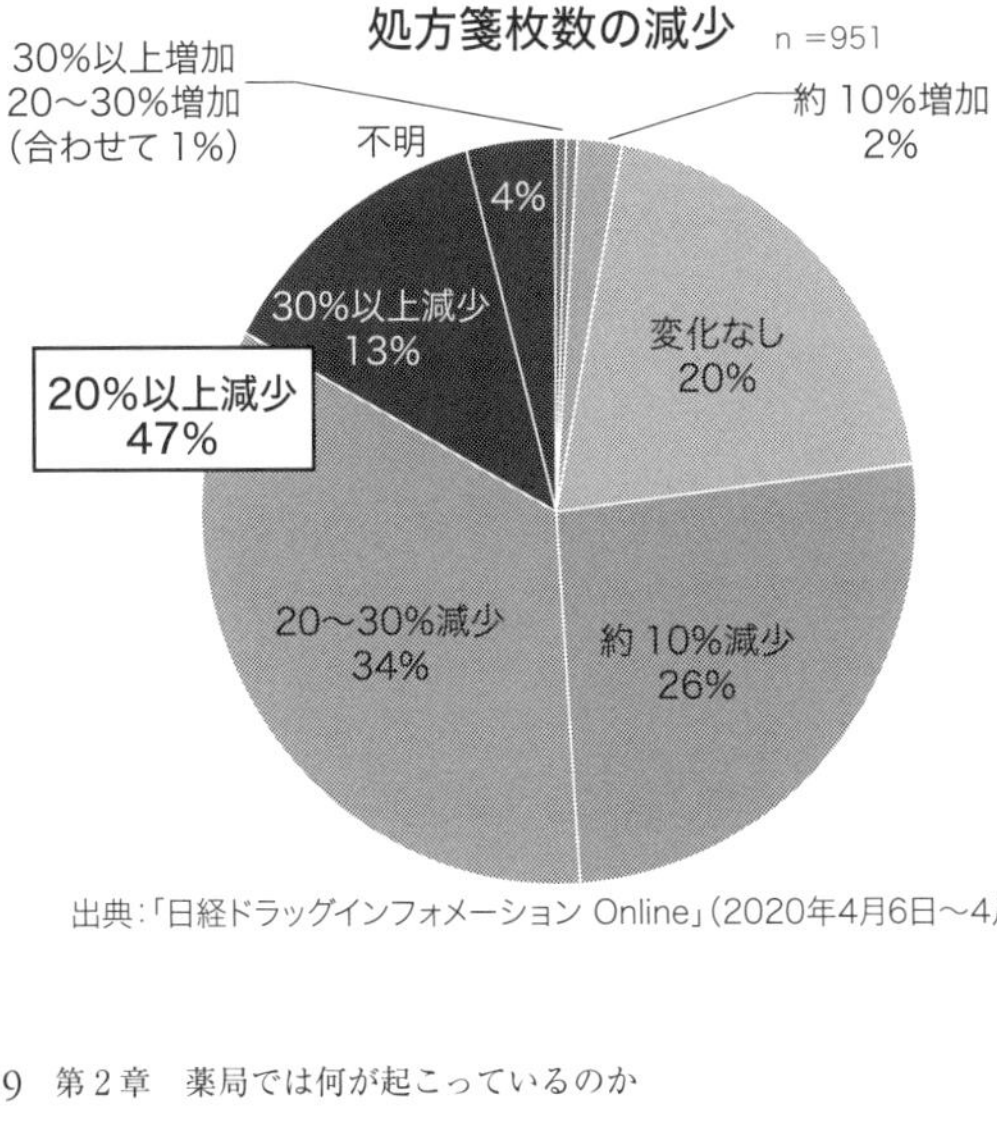

出典：「日経ドラッグインフォメーション Online」（2020年4月6日～4月12日）

したと答えるケースが少なくありませんでした。

決して少なくない数の医療機関がオンラインの診療を行えるようになることで、患者の医療機関に足を運ぶ回数はさらに減少していきます。もちろん、必要な薬剤は処方されますが、処方箋は患者が指定する保険薬局に医療機関からファクスすることになり、薬は配達や郵送等で受け取ることも推奨されています。

また、電話等オンラインでの服薬指導は、必要があれば対面での服薬指導に切り替えることも想定されるため、遠方の薬局を選ぶことは、患者にとっても面倒なことになります。となると、前節でも触れたように、中長期的には、患者は自分の日常生活圏にある薬局を今まで以上に活用するようになるのではないでしょうか。

ビフォー・コロナ（Before Corona）の時代には、「門前薬局」と呼ばれるように、薬局は医療機関と近接して店舗数を増やしてきました。これは、患者が医療機関に足を運ぶことを前提とすれば、当然のビジネスモデルです。最近の大きな変化の中で、患者は医療機関に赴かず、処方箋はファクスで送信されるということになると、医療機関の門前にあることは重要ではなくなります。また最近は、ＣＯＶＩＤ－19対策で、中規模以上の病院が外来を縮小・停止したり、クリニックでも診察枠を縮小したりしているケースがあります。特定の医療機関と物理的・心理的な距離を詰めて薬局運営を行うことは、今までは大変重要でしたが、それが逆にリスクになることもあるわけです。

もちろん、この『0410事務連絡』は時限的・特例的処置であり、いずれ「対面診療」「対面服薬指導」に戻るとは思います。しかし、COVID－19の特性を考えれば、中長期にわたって日常生活への影響が続くと考えられます。この間に、人間は慣れてきますので、患者の受診行動も変わっていくことは避けられないでしょう。多くの患者は、「門前調剤薬局」に行かない習慣がつくのではないでしょうか。

今後、感染の第2波、第3波の到来が予想されること、冬場のインフルエンザや通常の感冒の流行期が到来することなども鑑みると、調剤薬局は中長期的な対応が必要になるはずです。

今までの調剤薬局というのは、病院の近くの好立地をいかに早く押さえるかがポイントでした。場所が悪ければ、どんなに優れたサービスを提供しようが、服薬指導を工夫しようが、患者は来ません。患者が来なければ売上は上がりませんので、薬局を続けることが難しくなります。

とにかくいい場所を押さえるのが調剤薬局経営にとっての最重要課題だったのですが、『0410事務連絡』は、その大前提を覆しつつあります。

もちろん、すぐには変わらないでしょうが、日本全国のあちこちで「あれっ、家の近くの薬局、意外にイイかも⁉」という体験が起こり始めていて、これが続けば、今のような「門前調剤薬局」という形式の薬局を利用する患者は、確実に減少していくことになるでしょう。

そうなると、この数年、もはや止まらない流れとなった「敷地内薬局」のあり方や見え方も、今までとは大きく変わってくるかもしれません。

薬局業務フローも変わる

患者の受療行動が変わるということは、薬局の業務フローにも大きな影響が及びます。今までは、隣接もしくは対面の医療機関の受診を終えて、処方箋を持って薬局に来る患者が顧客の99％を占めていたのではないでしょうか。しかし、前節で示したように、そういった患者は少なくなっていきます。

今までは受診する医療機関ごとに薬局を変えていた方が、移動や手間の短縮の観点から一つの薬局にまとめたり、はたまた、受診控えの結果、ＯＴＣ医薬品を求めるために薬局に来局したりと、患者の薬局に行くパターンが多様化し始めています。

患者（本来は、顧客）のパターンが増えるということは、それぞれに求められるものやサービスが異なりますから、薬局の業務フローも変わっていく必要があります。

いわゆる「門前調剤薬局」の業務であれば、処方箋を受け取り、重複投与やアレルギー有無の確認、疑義があれば医師に照会し解消した後、迅速・正確に調剤して、わかりやすい説明とともに医薬品を渡して会計を済ませ、薬歴に記載する、という業務フローが基本になります。

この業務をスムーズに行い、経営的にもメリットが出るようにするためには、医薬品の発注や在庫管理を適切にしたり、待ち時間が短くなるように機械化やＩＣＴ化を進めたり、患者の苦痛を軽減するために待合室のアメニティを充実させたりといったことが重要になります。そこに抜かりがないように粛々と業務フローを洗練させていくことが、薬局運営に求められてきました。

一方『0410事務連絡』に対応するためには、遠く離れた大学病院からいきなりファクスが届くことも想定しておかなくてはなりません。今までの業務フローでは、「処方箋のファクス受信に気を配る」という項目はありませんから、見落としてしまい、患者が来て初めてその存在に気がつくということもあり得るでしょう。すると、患者との間にトラブルが発生しないとも限りませんし、薬局側に一定の落ち度があると認めざるを得ないケースも出てくるでしょう。

また、いつもは近接する医療機関の処方箋だけを持って、他の医療機関の処方内容は時々お薬手帳でチェックするだけだったのが、対応がよければ、近接以外の医療機関の処方箋を持って来局してくれるかもしれません。さらには、処方箋を持たずに、「ちょっと、花粉症の症状が出てきたんだけど、何かいい薬ある？」と尋ねてくることもあるでしょう。

つまり、今までは患者の来局パターンも、ニーズも、押さえるべきポイントも、たった一つの業務フローで対応することができたのが、いろいろなパターンが出現することになります。想定外の状況が急に訪れると、患者が満足する対応ができないばかりでなく、欠品や最悪の場合には調剤過誤、薬の渡し忘れといった患者の病状に影響が及びかねない状況になることもあり得ます。

そうならないためにも、薬局の業務フローをあらかじめいくつか想定して整理し、必要に応じて店舗レイアウトを変更したり、必要な物品を準備したり、在庫医薬品を見直したりといったことを行っておく必要があるでしょう。

また、服用後のフォローや、医師へのフィードバックというものが薬剤師の業務に入ることが法律で明確化されていますから、これからのスムーズかつ効果的な薬局運営においては、この顧客情報の整理やその見え方の工夫、具体的なアクションの手順なども決めておくことが重要になってくるでしょう。

第3章

薬局51年周期説

――流れをつかめれば、方針が見えてくる

この数年、薬局を取り巻くニュースはそれほど明るいものではなかったように思います。調剤報酬についても、プラス改定とはいうものの、なかなかそれが実感には至らないことが多く、「調剤基本料1」を外れる薬局の範囲が回を追うごとに少しずつ増大し、ジェネリック医薬品や地域支援体制の加算基準が厳しくなっていったりと、なかなかタフな状況が続いています。

収益構造が以前ほど楽観的でなくなってきたことに加えて、薬剤師不足が続く中で、安定した経営を続けるための方策の一つとしてM＆Aを選択する薬局も出てきました。また、薬歴未記載の問題や処方箋の付け替え問題など、保険調剤の適正な運用に反する事案がメディアで報じられることもありました。

今や、業界のあり方や雰囲気は大きく変わっていて、決して良い方向に進んでいるとは言えないのも事実です。この状況をどう考えればいいのか。私自身は、流れをつかめれば、方針が見えてくると確信していますので、本章では、その考え方をシェアしたいと思います。

今の薬局経営は想像以上に苦しくなっている？

薬剤師を募集してもなかなか応募はなく、人材紹介会社に高い紹介料を払って来てもらっても、すぐに辞めてしまう。そもそも薬局内のスタッフの士気は低く、何かあれば別の薬局に転職しそうで、半ば腫れ物に触るような感じで接する毎日。急な退職も日常茶飯事で、どうしようもないと頼んだ派遣薬剤師の時給にびっくり。しかも、言われた仕事を時間内にするだけで、助かるんだけれどもなんか複雑……。そんな思いをしたことは一度や二度ではない、という方も多いのではないでしょうか。

また、新規に開業したり院外処方箋に切り替えたりする医療機関の情報をできるだけ早く手に入れ、その受診後に最も立ち寄りやすいような場所に薬局を設置すべくいろいろと算段しているうちに、全国チェーンや地域一番チェーン薬局にすっと入られて臍《ほぞ》をかんだ経験をお持ちの方もいるでしょう。

最近では、そういった情報が入ってきた時にはすでに上流で薬局も決まっていて、プロジェクトそのものに大手の薬局チェーンが深く関わっているケースもあり、営業をかけても時すでに遅し、ということが日常茶飯事になってきました。

さらに、調剤報酬もこの10年ぐらいでどうも息苦しくなってきて、ひと昔前のように、ある程度の緩さをもってやっていても十分に収益が出る時代ではなくなっていきます。きちんとした指導や記録、後発医薬品の使用促進やお薬手帳の活用などを常にモニタリングしたり、かかりつけ薬剤師の契約を取ったりしなくては、下手をすると赤字になりかねません。

大型ショッピングセンターや駅ナカの薬局などに処方箋を持って行く患者も増えているようです。あらためて医療機関の前で患者の動向を見てみると、せっかく絶好の場所に開業したはずが、じつは6割ぐらいしか自分の薬局に持ってきていないんじゃないか!? ということもあるとかないとか。患者数も減り、客単価も下がるのであれば、売上も同様。一方で、人件費や経費などは下がらない。資金の問題は、本当に深刻です。

ヒトも来ない、モノもない、カネも減っていくということになると、自社の薬局事業そのものをあきらめなくてはならないのか!? という寒々とした思いに悩んで眠れない夜もある、という薬局経営者もいることでしょう。

社員の雇用を守り、地域の患者に薬を届け、近隣の先生にもご迷惑をかけずに、ということを考えれば、仰々しいM&Aのダイレクトメールに目が行くというのも、当然のことかもしれません。

薬局経営の状況は年々厳しさを増しています。

すぐに状況が一変することはありません。調剤報酬が改定される2年に1回の4月1日でさえも、過ぎてしばらくしてみると「まぁ、なんとかなるか」と思ってやり過ごすこともできるのは、人間の順応力の成果かもしれません。この順応力はしかし、事態が本当に深刻になるまで、なんとか無理して対応してしまうという危険性があります。

「真綿で首を絞めるように…」という表現がありますが、今の薬局業界の経営環境の変化のベクトルやスピードは、まさにそのとおりです。

すべてのビジネスモデルには寿命がある

じつは、前節で私が書いた薬局経営に関する悩みや閉塞感は、私自身が薬局を運営し始めた2003年頃から3年ほどの間に経験したものです。それなりに苦労してなった、なりたくて仕方がなかった外科医の道から、実家の薬局経営という未知の分野に入ってきたものの、多くの方が忠告してくれたとおり、うまくいきません。特に、薬剤師不足とよい立地の問題は、調剤報酬どうこうの前に極めて深刻でした。

そんな時に、とある本で「あらゆるビジネスモデルには寿命がある」という原則を知りました。薬剤師の獲得競争や、薬局の場所取り合戦に少なからず辟易としていた私は、この一文に衝撃を受けて、「調剤薬局」というビジネスモデルもいつかは終わるのだと、むさぼるように読みました。そのエッセンスは極めてシンプルで理解しやすいので、簡単に触れておきましょう。

まず、ビジネスモデルは、そのサービスが生まれてから「導入期」「成長期」「成熟期」というフェーズを経て拡大していきます。サービスインした年から、想定市場の5分

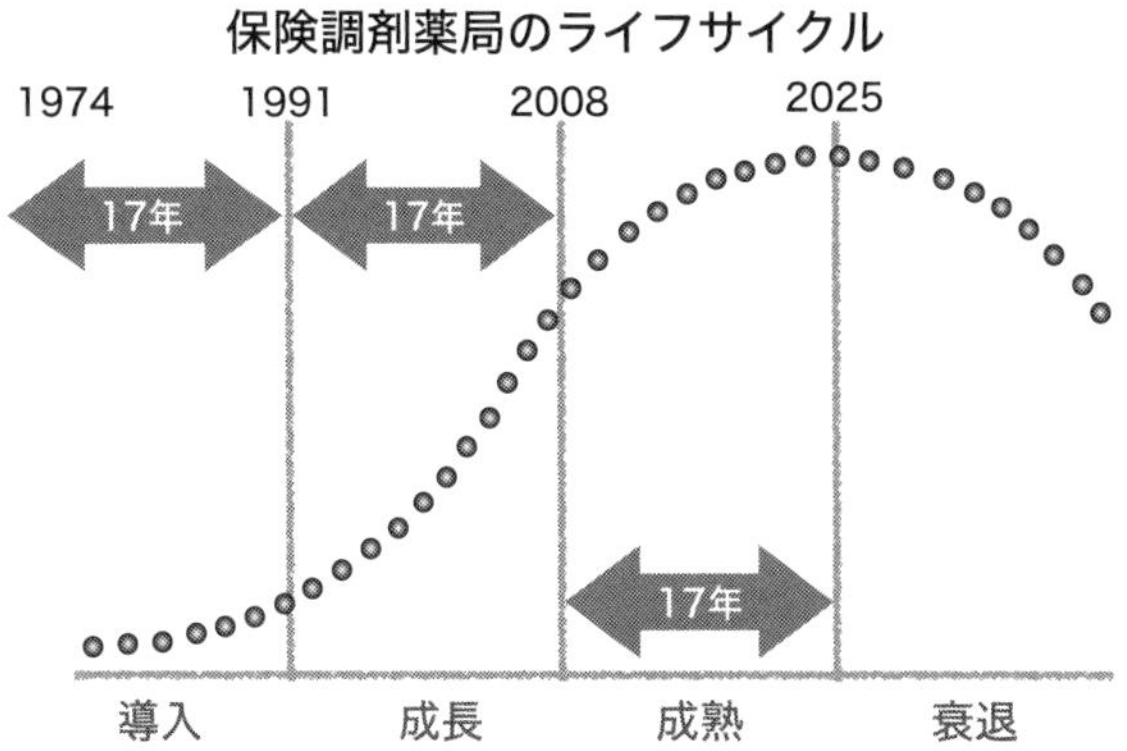

の1程度に広がるまでが導入期となります。それが計算できれば、成長期、成熟期はほぼ等間隔でやってくるので、自分のビジネスモデルがいつまでもつのか、そして今、何期にあるのかということが理解できます。

ビジネスモデルのフェーズによって社会経済や業界の背景が異なるので、当然やるべきことも違ってきます。そのフェーズに合ったビジネスの展開方法をとらなければ、うまくいかないということです。

「調剤薬局」というビジネスモデルのスタートは、医薬分業制度の本格的な開始によって、診療報酬による処方箋発行料がぐっと引き上がった1974年とされています。私がビジネスモデルに寿命があることを知った2006年当時、医師に処方箋発行を義務づけた医師法第22条に8項目の但書きがあることから、分業率のプラトー（平衡状態）は70から75%だと言われていました。高めにとって75%として、その5分の1程度となると、1991年までのおよそ17年が導入期にあたると考えられます。すると、成長期はさらに17年後の2008年までとなり、その後の2025年までは成熟期として推移するということになります。

薬局のヒト、モノ、カネの問題に悩んでいた（もちろん、今も完全な解決はしていませんが！）2006年当時、薬剤師不足と場所取り合戦の対応に絶望していた私にとって、「2年後には状況が変わるかもしれない!?」という視点が持てたことで、少なからず心が軽くなった気がしました。

それはさておき、ビジネスが拡大していく三つのフェーズでは、業界の雰囲気もビジネスの展開の仕方もずいぶん変わるので、もう少し詳しく見てみましょう。

導入期のキーワードは、「ハイリスク・ハイリターン」です。この時期に新しいビジネスモデルに挑戦することは、うまくいかないというリスクもありますが、成長期の波に乗れば大成功を収めます。「調剤薬局」業界について言えば、全国チェーンを展開している薬局のほとんどは、導入期に創業や調剤事業を開始しています。この時期には「そんなことをしては危険だ」とか、「採算が合わない」という問題に直面しつつも、試行錯誤しながら新しいビジネスモデルを構築していきます。

成長期のキーワードは、「ミドルリスク・ミドルリターン」です。導入期の成功事例を見て、ある程度のやり方が決まってきた時に、「自分もやってみるか！」と取り組むケースが増えてきます。まだまだ市場は安定していませんが、ビジネスの手法として確立し始めているので、見よう見まねであってもうまくいくケースがあり、堅調に拡大します。「調剤薬局」業界について言えば、都道府県でドミナント展開している数十店規模の中規模薬局チェーンの創業や調剤事業の開始は、だいたい成長期の前半である2000年までが多いようです。この時期は、ある意味では誰がやってもうまくいく時期なので、市場は急速に拡大するとともに、成長の基礎を築いていた会社にとっては、アクセル全開で行けるところまで行く、といった状態になる時期です。

成熟期のキーワードは、「ローリスク・ローリターン」です。ビジネスのやり方はすでに確立しており、業務フローの見える化や損益分岐点なども明確になっています。市場は安定し、一般消費者に認知され、極めて安定したビジネスモデルです。

ただ、以前とは異なり、競合も数多く市場に出てきているので、価格競争による利益率の低下を、効率化や規模の拡大でカバーする必要性が出てきます。「調剤薬局」業界について言えば、堅いビジネスですが、飛躍的な成長や利益の拡大は望みづらい状況です。この時期から1店舗目を始めたとしても市場はパイの奪い合いになっていますから、拡大は難しくなります。システム化やＩＴ化で効率を上げたり、戦略的なＭ＆Ａを通して企業としての生き残りや発展を模索したりといったことが当たり前になってきます。

「調剤薬局」ビジネスのライフサイクルは、１９７４年に始まり、１９９1年までの導入期、２００8年までの成長期を経て、今は２０２５年まで続く成熟期のカウントダウンの時期に入っているということになります。

ちなみに、成熟期の後は「衰退期」になります。業界全体が縮小し、ビジネスモデルそのものがいずれはなくなっていくということです。

そういった意味でも、すべてのビジネスモデルには寿命があるのですが、薬局としては、社会のためにも薬剤師のためにも、そして自分のためにも「はい、そうですか」というわけにはいきません。

どうすればいいのかと思った時に、そう言えば、私の母が始めた薬局と、今の調剤薬局というのはずいぶん違うなぁ、ということが頭をよぎりました。そうです。薬局は、ビジネスモデルを変えながら、続いてきていることに気がついたのです。

薬局の世代移行という考え方を活かす

私の母は、「くすりの相談　ハザマ薬局」というキャッチフレーズで、1976年に小さな薬局を開業しました。1965年に京都薬科大学を卒業し、大学病院や診療所、薬局等での勤務経験を積んだ後のことです。医薬分業制度が始まったばかりの頃ですから、処方箋調剤の患者はほぼおらず、OTC薬や漢方薬、健康食品などのほか、化粧品や紙おむつ、粉ミルクなどの育児用品、殺虫剤やトイレットペーパーなどの雑貨を販売する形態の薬局でした。大阪市内ではありましたが、まだまだ田んぼも多い

ビジネスモデルの大転換

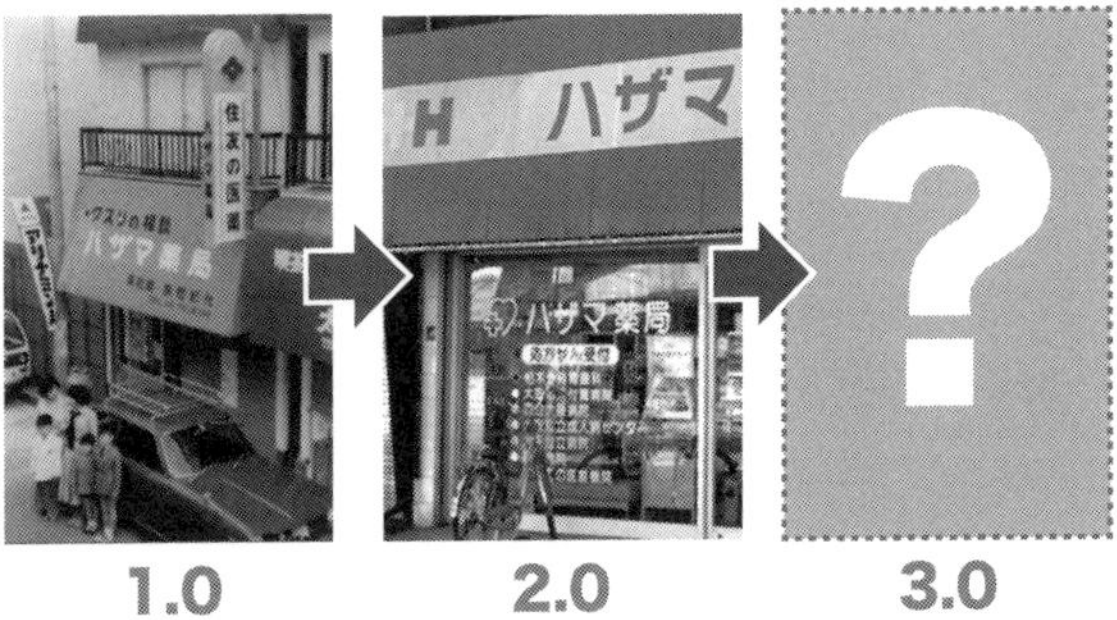

地域の中のちょっとした商店街のようなところです。1階が店舗、2階に住居を兼ねていましたから、朝早くから夜遅くまで営業していました。

●薬局1・0

その当時の薬局（現在の調剤薬局とは違うスタイル）は、17年ずつに導入期、成長期、成熟期が来るビジネスモデルであるということを考えれば、多少強引ですが、1945年の終戦後に国家再建が始まったことを考えると、1945年から1962年が導入期、1979年までが成長期で、1996年には成熟期が終わり、衰退期に入るというライフサイクルをた

昔の薬局（薬局1.0）のライフサイクル

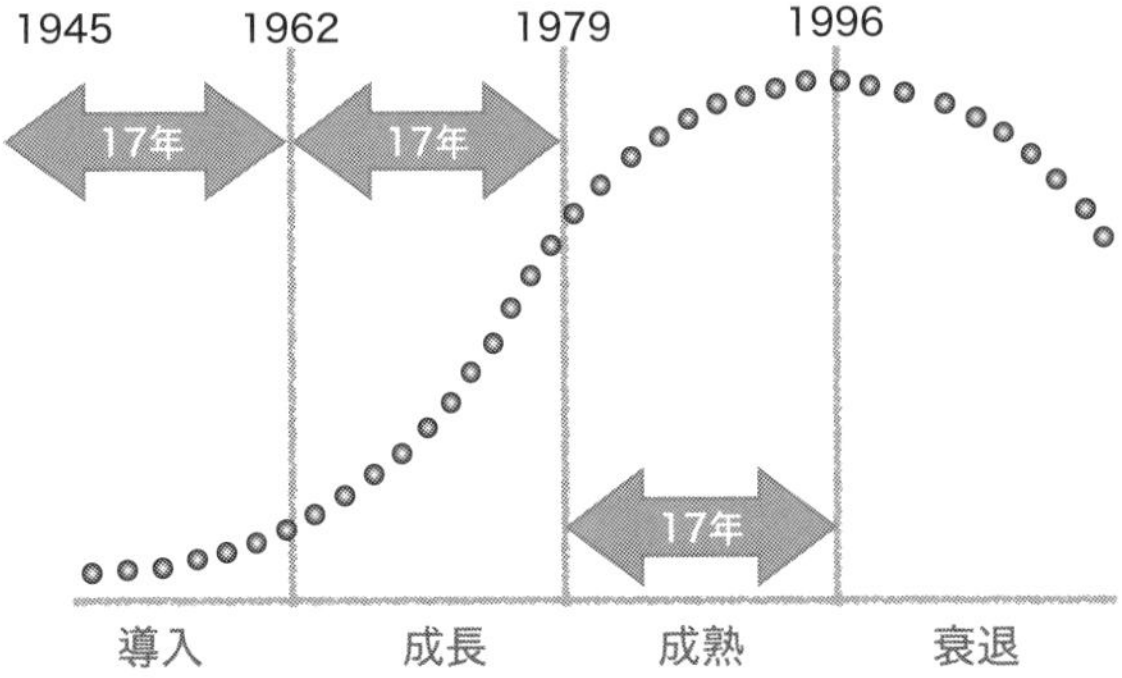

どっていたことがわかります。

私が薬局経営を引き継いだ２００６年当時はすでに衰退期に入っていて、実際にこのような薬局は減ってきていましたが、「調剤薬局」とは売上の構成比、サービス内容、立地、スタッフの陣容などがすべて異なることに気がつきました。

●薬局1・0〜2・0へ

そこで、私の母が開局したタイプの薬局を第一世代、いわゆる「調剤薬局」を第二世代という意味で薬局１・０、２・０と考えてみると、薬局２・０が衰退期に入ったとしても、いずれ第三世代薬局（薬局３・０）の時代が来ることが予想できます。そこで、母が相談薬局をしなが

これからの薬局（薬局3.0）のライフサイクル

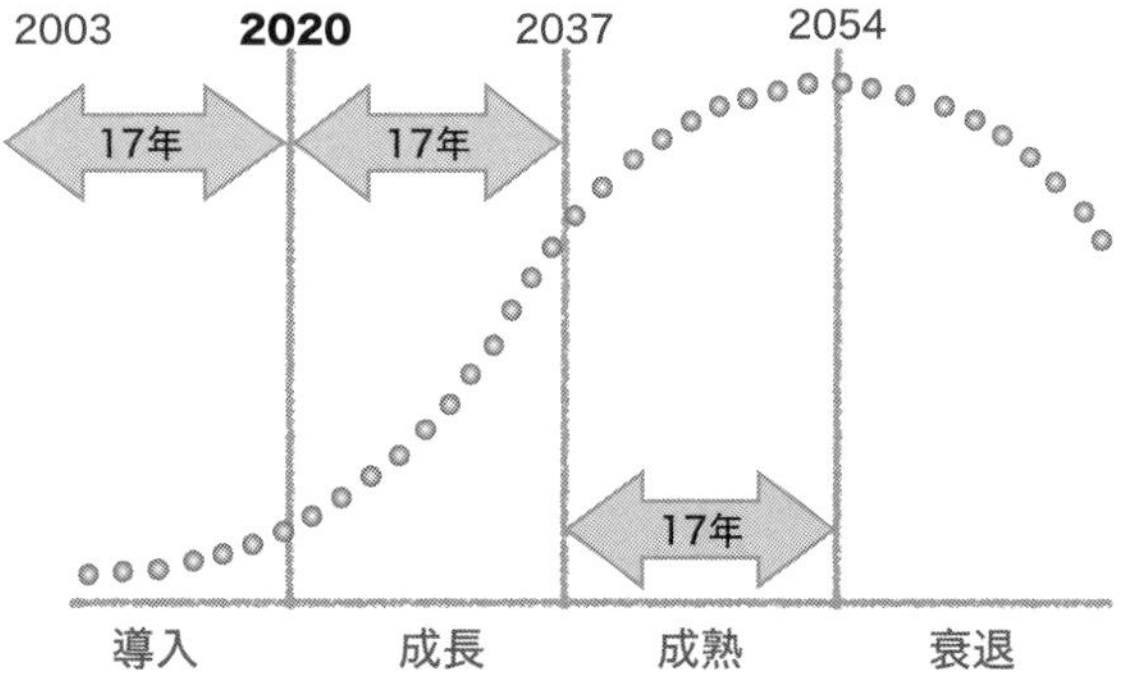

ら処方箋調剤の受け入れをはじめ、調剤を専門とする薬局を開設して1・0から2・0へシフトしたように、今までの調剤薬局を行いながら、従来とは異なるサービスを開始し、薬局の世代を2・0から3・0にシフトすれば、また新たな成長カーブが描けるのではないかと考えました。

●薬局3・0へのシフトチェンジ

薬局1・0が始まったと仮定した1945年と、薬局2・0が始まった1974年の間は29年空いていますので、薬局3・0というのは、1974年の29年後にあたる2003年には始まっているはずです。

自分の薬局を振り返ってみると、特別養護老人ホームの処方箋を応需し始めたのがその頃だったので、高齢者や訪問ということがこれからのキーワードになるのではないかと思ったものです。

導入期から成長期に入った薬局3・0

以上の考え方を適用すれば、薬局3・0のビジネスモデルは、2003年にスタートして導入期が17年あり、2020年に成長期に入り、2037年からは成熟期に入る、2054年までの51年間のビジネスモデルだと考えられます。

一方、薬局2・0というビジネスモデルが成熟期を終える2025年は、団塊の世代の人々がすべて後期高齢者になる年。つまり、住み慣れた地域で最期まで過ごすことを目指す「地域包括ケアシステム」完成の年なのです。

これは2013年度には、医療系サービスとの連携をしつつ、在宅死比率を40%まで引き上げるのが目標だということを耳にして、私は、歩いて医療機関に通える患者数が少なくなる一方、病床数が削減されて入院も難しくなる社会では、薬剤師が訪問する時代が来るはずだと考えてきました。なので、この薬局3・0という考え方は意外に的を外していないと思います。

それとともに、私の母が、おそらく無意識的に薬局1・0から2・0に乗り換えたのを見習って、私は意識的に薬局2・0から3・0に乗り換えようと考え、在宅医療に特化した薬局づくりを始めることにしました。

とはいえ、薬を届けるだけの業務では採算が合うはずもなく、薬剤師である必然性も明確ではありませんでした。また、ほとんど先行事例がない業務を会社を挙げてやろうとしたものですから、導入期のキーワードである危険性と不採算性という二つの問題に常に悩まされました。私自身もタフな場面に何度も直面しましたし、当時一緒にやってくれていたスタッフには大変な迷惑をかけたと思います。

立地依存型から対人業務へ

「薬局51年周期説」をイメージしながら、きっとこういう方向で業界は変わっていくはずと思いながら試行錯誤していく中で、薬剤師が薬の服用後に患者の状態をフォローする取り組みを始めたところ、薬物治療の質を向上するだけでなく、薬剤師の専門性が明確になることにも気がつくようになりました。

しかし、薬学教育は6年制になったものの、調剤報酬制度も法律も変わっていません。服用後のフォローという頼まれてもいない、そして調剤報酬がつくわけでもない仕事をすることは経営効率も悪く、業務負担も大きかったために、物好きが取り組む業務のようになっていました。

ただ、この頃からバイタルサインのことを含めて、全国の都道府県薬剤師会で講演させていただく機会が増え、また薬学部で講義させていただくようになり、いろいろな変化が起こりつつあることを実感していました。

薬局経営においても、少しずつではありますが、ちょっとした変化が起こるようになりました。従来の調剤薬局とは異なる新しい薬局3・0のビジネスモデルは、2003年にサービスインしているのだから、17年間の導入期を経た後、2020年から成長期に入るだろうという予測をなんとなく持ち続けながら、日々を過ごしていたように思います。

2015年に内閣府の規制改革会議の公開ディスカッションで医薬分業制度が議論

されたことを端緒として、同年10月に『患者のための薬局ビジョン』が発表されました。薬局は立地依存ではなく機能依存へ、薬剤師の仕事は対物業務から対人業務へ、そして、患者は薬局をバラバラに利用するのではなく、一つにまとめていくようにという基本方針が出たのです。

これはこれで衝撃でしたが、２０１６年、２０１８年の調剤報酬でも大きな変化はなく、敷地内薬局の解禁も相まって薬局ビジネスは依然として立地に依存したままでしたから、期待外れのような感じがあったのも事実です。

しかし、服用後のフォローを義務づけた改正薬機法が２０１９年12月に公布され、立地依存型薬局の調剤基本料を引き下げるとともに、対人業務への評価の範囲や程度を拡大した調剤報酬改定が２０２０年４月から始まることとなり、業界は少しずつ変わるかもしれないと考えてきた時に起こったのが、今回のＣＯＶＩＤ−19の拡大です。

当初は、中国の一部で起こっているちょっと変わった感染症かと思っていましたが、あっという間に、我が国のみならず世界のあり方を大きく揺さぶる事態になり、医療のあり方も激変しました。

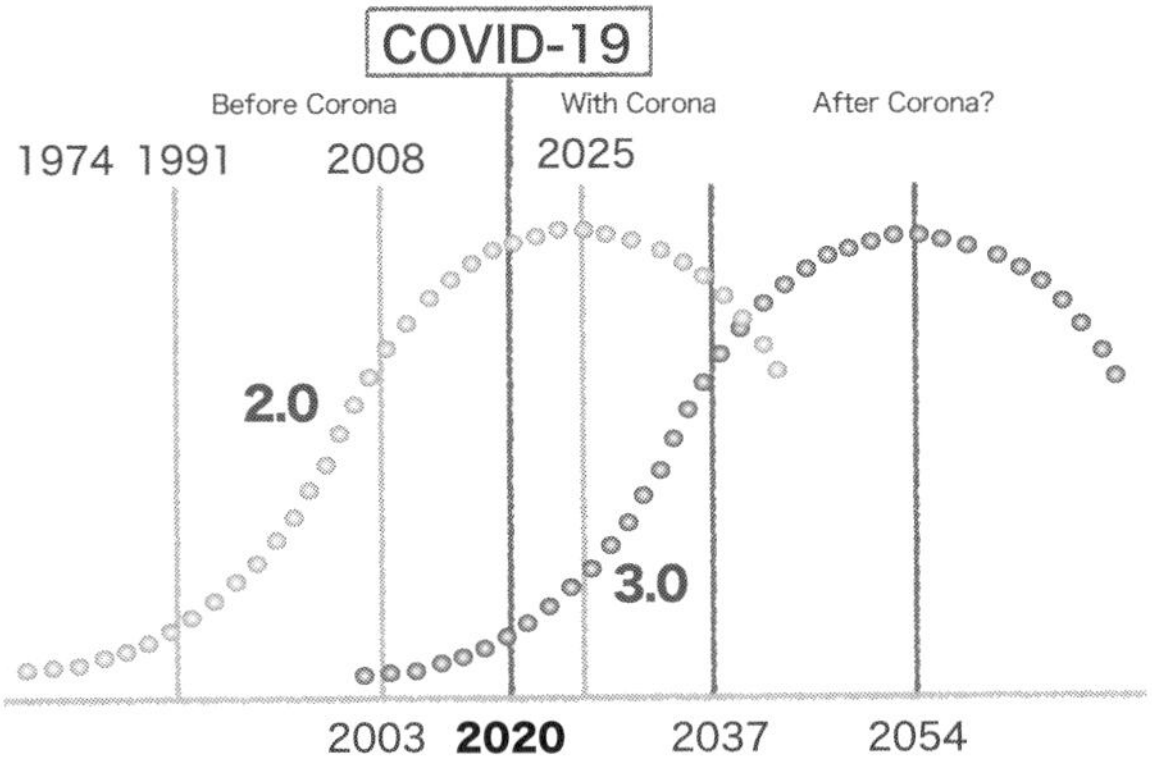

まだまだ状況が変わりつつある中で、確定的なことは言えませんが、薬局2・0はビフォー・コロナ（Before Corona）時代の薬局のあり方であり、ウィズ・コロナ（With Corona）の時代では薬局2・0と薬局3・0がオーバーラップする中での世代移行となり、アフター・コロナ（After Corona）の時代には、薬局3・0へと完全に移行するのではないでしょうか。

薬局・薬剤師業界にパラダイムシフトが起こるのではないかと私が言い始めて10年余りが経ちました。遅きに失した感はありますが、今、まさに起こっているのだと実感しています。

この変化の時代をどう乗り切るのか——。

「薬局51年周期説」を念頭に置き、かつて私たちの先達が1・0から2・0へ果敢にもシフトし社会を変えていったように、私たちも2・0から3・0への転換というものを図っていくイメージを持つことは、今後のビジネスモデルを想定する際に役に立つのではないでしょうか。

第4章

薬局が生き残る道はあるか

――逆張りの戦略

ＣＯＶＩＤ－19の感染拡大とは関係なく、もともと２０２０年度の調剤報酬改定では、対物業務の引き下げや立地依存型薬局の調剤基本料の引き下げなどで、減収が見込まれることは想定されていました。これに加えて、ＣＯＶＩＤ－19の感染拡大により、延べ患者数が大幅に減少すると、薬局の売上も他の業種と同様に激減する可能性があります。

もちろん、薬局にはいろいろなタイプやパターンがあります。しかし、現在の我が国で起こりつつある変化を見てみると、

①隣接する特定の医療機関からの外来処方箋が大半を占める
②在宅医療業務への取り組みを始めていない
③ＯＴＣ薬や機能性食品の販売を始めていない

といった薬局については、経営状況が悪化する可能性があります。今後の調剤報酬の行く末だけでなく、人口動態や疾病構造の変化にともなう社会保障制度全体のあり方を考える中では、保険調剤のみに頼った薬局経営で明るい展望を持つ

ことは難しいでしょう。端的に言えば、今の門前薬局型ビジネスモデルは、一気に終局に向かいつつあるとも言えるのです。

では、薬局が生き残る道はあるのでしょうか。私は、薬局経営者や薬剤師、薬局スタッフが大きく変われば、先ほど挙げた三つの経営課題をクリアすることができると思います。一つずつ見ていきましょう。

マンツーマンではなく、面分業へのシフト

医薬分業というものは、特定の医療機関の処方箋を応需する、いわゆるマンツーマン分業ではなく、面分業であるべきだ、というのはずいぶん昔から言われてきたことです。

しかし、ビフォー・コロナの時代には、患者は医療機関を受診した後、いわゆる門前薬局を地理的条件で選ぶことが多かったわけですから、良い立地を押さえて出店す

ることが第一優先事項であり、ビジネスとして面分業を実現させるというのはなかなか難しい選択でした。

しかし、ウィズ・コロナの時代に入って、患者は以前ほど頻繁には医療機関を受診しなくなり、処方箋は、医療機関から薬局にファクスで送られるようになりました。これは、機能的、経済的、構造的独立の三要件が求められた保険医療機関と保険薬局との関係の中では、今まで絶対に許されなかったことであり、事件的・特例的措置とはいえ、今回の『0410事務連絡』がいかに特殊なものだったかということをあらためて感じます。

患者の動線が変わるということは、多くの薬局が隣接する医療機関以外からの処方箋を応需する体制をとる必要があるということです。そうなった時に重要なのは、薬剤師が薬を渡すだけではなく、その後までフォローして患者の状態をアセスメントし、薬学的な見地から指導を行うとともに、必要と考えれば医師にフィードバックすることによって、薬物治療の質をより良いものにすることです。

このプロセスを通じて、患者は従来とは違う顧客体験を薬剤師と共有することになり、結果的に患者との関係がより強固なものになっていきます。このような取り組みによって、患者に選ばれる薬局・薬剤師というポジションを確立し、かかりつけとなり、いずれ到来するアフター・コロナの時代を見据えて、特定の医療機関に頼らない外来処方箋を応需するイメージを持てるようになるでしょう。

このような取り組みは、一朝一夕でできるものではありませんが、少なくとも現状のままではいけないという認識を共有して、何らかのアクションを起こし始めることが重要です。

いよいよ在宅医療業務を本格化させる

在宅医療への取り組みが大切だということは、もう10年以上前から薬局・薬剤師業界では言われてきたことです。しかし、なかなか進みませんでした。その理由として、大きく二つの事柄が挙げられます。

一つ目は、そんなことをやっているヒマがないということです。確かに、抜群のよい立地に薬局があれば、たくさんの患者が処方箋を持って薬局を訪れます。そして、早く・正しく薬を準備して、わかりやすい説明とともにお渡しし、一連の業務を薬歴に遅滞なく記載するということを繰り返していくことの質を高めていくには、膨大なエネルギーが必要になります。患者さんが待合室にあふればかりになる状態を日常的に見ていれば、「在宅なんて行っていられない」という気持ちになるのも当然のことです。

二つ目は、そんなことをやっても儲からないということです。実際、往復1時間かけて一人の個人在宅患者にしっかり仕事をしたとすると、全体では2時間ぐらいかかります。それで得られる報酬を考えれば、人件費はおろか、ガソリン代や車代などさえもペイできない可能性が出てきます。ひるがえって、外来の処方箋調剤業務では、2時間あまりあれば、相応の処方箋を応需して薬を渡すことができます。当然、売上に連動するので、経営的な観点からも在宅に積極的に取り組めないということになります。

労務管理と採算性。この二つは、医療と直接的な関係はありませんが、薬局という企業を経営していくうえでは、最も大切なものです。時代が大きく変わりつつある中で、在宅医療への取り組みが重要だということは十分に理解できていても、なかなか舵を切りづらいということはあったでしょうし、この傾向は今も真実だろうと思います。

しかし、この二つの問題は、6章でも詳しく触れますが、業務内容の見直しや機械化、ICT化を通じて、解決の道筋を見つけることができるようになってきました。業務フローに応じた店舗内レイアウトの変更などを行うとともに、『0402通知』に基づいて、薬剤師以外のスタッフを合法的かつ効果的に投入し、業務のアイドリングタイムを活用したり、新たな請求業務の仕組みを取り入れるのです。

薬局の生き残りを考えるのであれば、それらの、いわば「企業努力」をきちんとしながら、在宅医療に本格的に取り組んでいくことが必須になってきますし、それだけの価値はあると思います。

そもそも在宅医療というのは、患者から受診するパターンではなく、その多くは医師が計画的な訪問診療を在宅時医学総合管理料を算定しながら行うものです。ウィズ・コロナの時代には、多くの在宅・訪問系サービスは感染予防の観点から断られるケースが少なくありませんが、さすがに医師の訪問を拒否されるケースはありません。

したがって、処方箋枚数は今回のような事態でもほとんど変わりません。ただ、在宅医療では居宅療養管理指導の算定が採算性の担保のうえでも極めて重要ですが、「お届け在宅」だけであれば、それがきちんと算定できなくなることもあります。

薬剤師も医師と同様に、特例的に業務を継続できるようにするには、

①服用後のフォロー、薬学的アセスメント、医師へのフィードバックを行い、患者の薬物治療を行う専門家としての立ち位置を確立すること
②服用支援を介護スタッフとともに連携して行い、業務の効率化と安全性の向上を達成してくこと

右記の二つの条件をクリアすることにより、薬剤師が患者の安心・安全な在宅療養生活に欠くべからざる存在として認識されるようになるはずです。

まずは、現在の業務形態から変えていくことが重要になります。

ＯＴＣ薬、機能性食品を用いたセルフメディケーション

その一つの方策として挙げられるのが、薬局が軽微な体調変化や体調維持について、セルフメディケーションやセルフケアを提供していくことです。

薬局は医療提供施設の一つとして、また、薬剤師が医療専門職の一人として機能するような体制にしなければなりません。というのも、今後、調剤報酬・診療報酬そのものは、我が国の人口動態を考えれば、カバーする範囲や単価が堅調に上昇していくとは考えづらいからです。だとすると、薬局の収入として、保険診療のみに頼ることには企業経営の安定性の観点からも疑義が生じます。

またマクロで考えれば、我が国が国民皆保険制度を堅持する一方で、保険でカバーする範囲については、やはり重症度の高い疾患や高い費用の薬にシフトしていくことが予想されます。実際に、規制改革推進会議でもそういった方向性で話が進められており、セルフメディケーションの推進は毎回議論されているところです。

これも、ビフォー・コロナの時代には、同じ薬をもらうなら、「医師からもらった

ほうが安心で安い」ということで、患者のセルフメディケーションのニーズはあまり高まっていませんでした。近年では、スイッチOTC医薬品の拡大とともに、花粉症に用いられる抗ヒスタミン薬などは、多くの待ち時間を費やして医療機関で処方してもらうよりも、薬局で簡便に購入するという動きはありましたが、限定的なものでした。

しかしウィズ・コロナの時代には、医療機関への受診を避ける傾向が出てきていますので、ちょっとした呼吸器症状や消化器症状、わずかな外傷や打撲などは、薬局で薬剤師に相談するという流れができるでしょう。この傾向は、おそらく少しずつでも進んでいくと思いますので、来たるべきアフター・コロナの時代を考えて、OTC医薬品や機能性食品への取り組みを強化しておくことが重要になってきます。

第5章

CIPPSを乗り切るためのアクション

――小売業としての基本を押さえる

薬局経営者は、隣接する医療機関以外からの外来処方箋の応需を拡大し、在宅医療関連の業務を本格化させ、ＯＴＣ医薬品や機能性食品への取り組みも強化するという三つのポイントを決断した後、どういったアクションを起こせばいいのでしょうか。

薬局というのは医薬品等小売業に分類される職種です。小売業は、いかに顧客に選んでもらえるかというのが重要で、そのために能動的に動く必要があります。しかし、「調剤薬局」というビジネスモデルに慣れ親しんできた薬局業界は、患者は近隣の医療機関から自然な流れでやって来るもので、受動的なビジネスになっていました。そのようなビジネスが身に染み込んでいるとなかなかよいアイデアは思いつきません。

では、どうすればいいのか。私が経営する薬局でトライしてきた三つの方法をご説明しましょう。

CIPPSを乗り切るための3つのアクション

❶ 半径1キロメートル以内での認知度向上

↓

思い出してもらうツールの作成

↓

店名・FAX番号の入った
チラシのポスティング

❷ 店内ワークフローの整備とマニュアル作成

↓

従来とは異なる業務への対応

↓

業務の棚卸と動線の整理や
レイアウト変更

❸ 新しいCX（顧客体験）の創造

↓

薬をもらう以外の体験を創る

↓

服用後のフォローアセスメント
フィードバック

半径1キロメートル以内での認知度を上げる

私たち自身の行動を振り返るとわかりますが、ある特定の店に行くようになるには、まず存在を知る必要があります。今まで「調剤薬局」というのは、例えは乱暴かもしれませんが、パチンコ屋の景品交換所のようなもので、出口を出ればその近くにあるはず、と認識されてきたのかもしれません。ですので、わざわざ地域の方に薬局の存在を知っていただく必要もなく、医療機関の近くに多少なりとも目立つような看板があれば、それで十分だったわけです。

しかし、患者の受診行動が劇的に変化しているウィズ・コロナの時代では、事情は大きく異なります。なぜなら、患者が医療機関に行かずに処方を受ける可能性があるからです。遠隔診療が広がり、将来的には特例的・時限的なものから恒久的なものに変わっていく可能性があります。

そうなると患者は、医療機関でオンライン診療が終わった後に「どこの薬局に処方箋を送りましょうか？」と聞かれることになります。その時に、すぐに思い出してもらえるような薬局になる必要があります。患者からすれば、医療機関にいれば近くの薬局に行きますが、そうではないので、どこでもいいわけです。また、在宅療養を勧められるケースも増えていますが、そんな時にも、患者やその家族が「薬局はどうしますか?」と尋ねられることも想定できます。

したがって、患者さんが、ふだんの生活で行きやすい場所にある薬局の中で、雰囲気がよく、なんとなく好ましいところをつらつらと考える数十秒間に、どれだけ思い出してもらえるかがポイントになります。

また、オンライン診療後は、薬局の名前と同時に、処方箋情報を送るためのファクス番号を聞かれますから、それらの情報がコンパクトに収まったツールを患者にあらかじめ渡しておくことも効果的かもしれません。何かあれば対面の服薬指導に切り替えたり、薬を取りにくることを考えれば、半径1キロメートル以内の住民の方への広報活動は極めて重要になってくるのではないでしょうか。

もちろん、バスや電信柱、電話帳の広告や、インターネットを用いた広告などもありますが、私は、ポスティングが効果的ではないかと考えています。

その昔、私が小中学生の頃、私は母の薬局のポスティングをよく手伝っていました。プリントゴッコ（家庭用簡易印刷器）で刷った手書きのチラシを自転車のカゴにいっぱい入れて、休日の夕方から夜などにかけてポストに入れて回ったものです。そういった取り組みをウィズ・コロナの時代に行っておくことは、アフター・コロナの時代に外来処方箋の応需を広げるためにも必須だと思います。

実際、私が経営する薬局でも『0410事務連絡』が通知されてから1か月ぐらいの間に、それぞれの店舗でチラシを作成し、ポスティングを行いました。個人の家だけでなく、訪問看護ステーションや介護事業所にもご挨拶かたがた渡したところ、多くはありませんが、やはり反応はありました。1回でベストの方法を見つけることはできませんが、数回の試行錯誤をしていく中で、「これだ！」というやり方が見つかっていくのではないかと思います。

薬局からの能動的な告知活動や販促活動は、これからの薬局経営にはとても重要なことになってくるでしょう。

店内の業務フローを変え、マニュアルを作成する

従来の薬局では、業務フローというのは、近隣の医療機関から処方箋が持ち込まれるというところのみを起点として考えれば十分でした。受け取った処方箋をいかに正確・迅速に処理するのかということを考えて、業務の流れを整理し、スタッフに落とし込んでいけばよかったのです。

しかし、ウィズ・コロナの時代には、近隣医療機関からの処方箋が減少する一方で、近隣以外、場合によっては比較的遠方の医療機関からの処方箋情報が送信されてくるケースが増えてきます。また、在宅医療が広がってくると、患者が必ずしも薬局に処方箋を持ち込まないケースもありますし、さらには、セルフメディケーションへの取り組みを広げていくと、処方箋の応需が業務の起点にならないケースが増えていくことになります。

また、処方箋調剤のみに限定しても、今までは、処方監査、疑義照会、服薬指導と医薬品の授与といった一連の業務は、基本的には患者一人ずつで完結するものでした

が、それだけでは済まなくなります。後日の配送だったり、取りに来たりといろいろなバリエーションが出てきますし、会計についても、ケース・バイ・ケースでの対応を迫られることが少なくありません。

さらに、2020年に公布・施行された改正薬機法によって、必要に応じた服用後のフォローと、そこで得られた薬学的なアセスメントを医師へフィードバックすることが義務・努力義務となりました。フォローが必要な患者をきちんとピックアップし、適切な時期にフォローして、異なる処方医に的確にフィードバックするためには、相応の仕組みを構築しておく必要があります。

つまり、従来の薬局では想定しなかったような、情報・薬剤・金銭の流れが薬局内に生まれてくるはずなのですが、これを場当たり的に行っていると、どこかで大きなミスにつながったり、業務負荷が大きくなり過ぎたりして、現場に混乱をきたしてしまうのです。

こういった状況を回避するためには、今、薬局内に発生しているいくつかの業務パターンを書き出して整理すること、それらを効率かつ効果的に行うためにレイアウト変更も含めて作業動線を管理するとともに、業務フローを共有し、皆で守れるように業務手順を見える化すること（＝マニュアルの作成）が欠かせません。こうした準備をしておくことは、アフター・コロナの時代に薬局や薬剤師が多機能化していく際にうまくいくポイントになるでしょう。

新しい顧客体験を創造する

「顧客体験？　なんだそれは？」という方も多いと思いますが、マーケティングでは「カスタマー・エクスペリエンス（Customer Experience：CX）」という略語で呼ばれるほど一般的な用語です。

今までの薬局におけるCXはどういうものだったでしょうか。ビフォー・コロナ時代の薬局とは、医療機関に受診後、できるだけ早く薬を受け取って帰宅するために通り抜けるべき関門のような場所でしたから、医療機関から近くて、待ち時間が短く、そして正しく調剤するというところが重要なCXでした。

しかしウィズ・コロナの時代には、患者は医療機関に行かないわけです。だとすると、移動距離が短いというのは、自宅や職場（といっても、テレワークがメインとなるとあまり関係なくなるかもしれません）の近くにあるということが重要になります。それとともに、事前に処方箋情報が送られるケースも増えてくるでしょうから、薬局での待ち時間は短くなるでしょう。

だとすると、短い移動距離で、安く、正しい薬をもらうことがＣＸということになるかもしれませんが、これを突き詰めていくと「薬局や薬剤師は不要だよね」ということになります。なぜなら、宅配便やドローンで運んでもらえればそれでよいからです。

一方で、ウィズ・コロナの時代になって、医師と会う回数が減っている患者には、不安もあるはずです。それを解消するということは、患者にとって全く新しいＣＸになります。このＣＸを実現するためのポイントが、先ほど述べた改正薬機法での「必要に応じた服用後のフォロー」の義務化と、そこで得られたアセスメント情報の「医師へのフィードバック」の努力義務化をどう業務に反映させるかです。

今まで患者は薬局で薬をいかにストレスなく受け取るかという対物的な行為をＣＸ

として捉えてきましたし、薬局の経営者も薬剤師もその時間的・精神的ストレスを減らすための工夫を数多く積み重ねてきました。しかし、現在の激動の時期を経て到来するアフター・コロナの時代には、薬局で提供するCXは大きく変わってくるのです。

つまり、薬剤師が服用後のフォロー、薬学的アセスメント、医師へのフィードバックを行うことは、患者に不安からの解放という新しい対人的CXを創出することになります。薬機法や薬剤師法などの法律の変更や、調剤報酬の対人業務へのシフトは、この流れを加速させていくのではないでしょうか。

薬局周囲の住民に薬局の存在を告知し、そこで安全・安心な業務をシステマティックに実施し、薬剤師が質の高いCXを患者に提供できるようになることで、薬局は立地ではなく機能で選ばれるようになっていくはずです。最初は戸惑いがあるかもしれませんが、まずは、できることから手をつけて、何らかのアクションを起こしていくことが大切になるでしょう。

第6章

薬剤師の時間・気力・体力を創出する

――立地から機能へのシフトチェンジ

「住み慣れた場所で最期まで」という地域包括ケアシステムの概念が2013年に提唱されて以後、「調剤薬局」というビジネスモデルは、地域の医療ニーズに完璧に応えているとは言いづらくなってきました。

また、今までの薬局の機能を果たしていくだけでは十分ではないことは明らかです。

しかし、調剤報酬制度の中では、これらの業務に人的資産を重点的に注入していくことが重要であったので、変化を起こすことがなかなか難しかったということも事実です。

変化することは本能的に受け入れがたいものですが、薬局運営が難しくなるとなれば、どのようにして変化の動機づけをしていけばよいのでしょうか。一緒に考えてみましょう。

COVID‐19はこれからも薬局経営に大きく影響する

2015年、厚生労働省が『患者のための薬局ビジョン』の中で、薬局が立地依存から機能依存へシフトする、薬剤師は対物業務から対人業務にシフトすると示しても、結果的に業界は大きく変わることはありませんでした。

ただ、私たちが実感しているように、ビフォー・コロナの時代にはとうてい無理だと思われたようなことが、COVID‐19の感染拡大による影響で現実のものになりつつあります。研修会や面談などがオンラインで行われることへの抵抗感がなくなったり、在宅での勤務を標準とする企業が出てきたり…。社会の中でも変化は起こっていますが、患者の受療行動が大きく変わることにより、薬局の経営にも大きな影響が出てきています。

日本薬剤師会の会員調査や厚生労働省のレセプトの分析データからも、COVID‐19の感染拡大を防止するための緊急事態宣言発表以降、患者数は4分の3程度に減少し、調剤報酬も8割程度まで下がっていることが明らかになってきました。

処方箋調剤関連項目の前年同月比

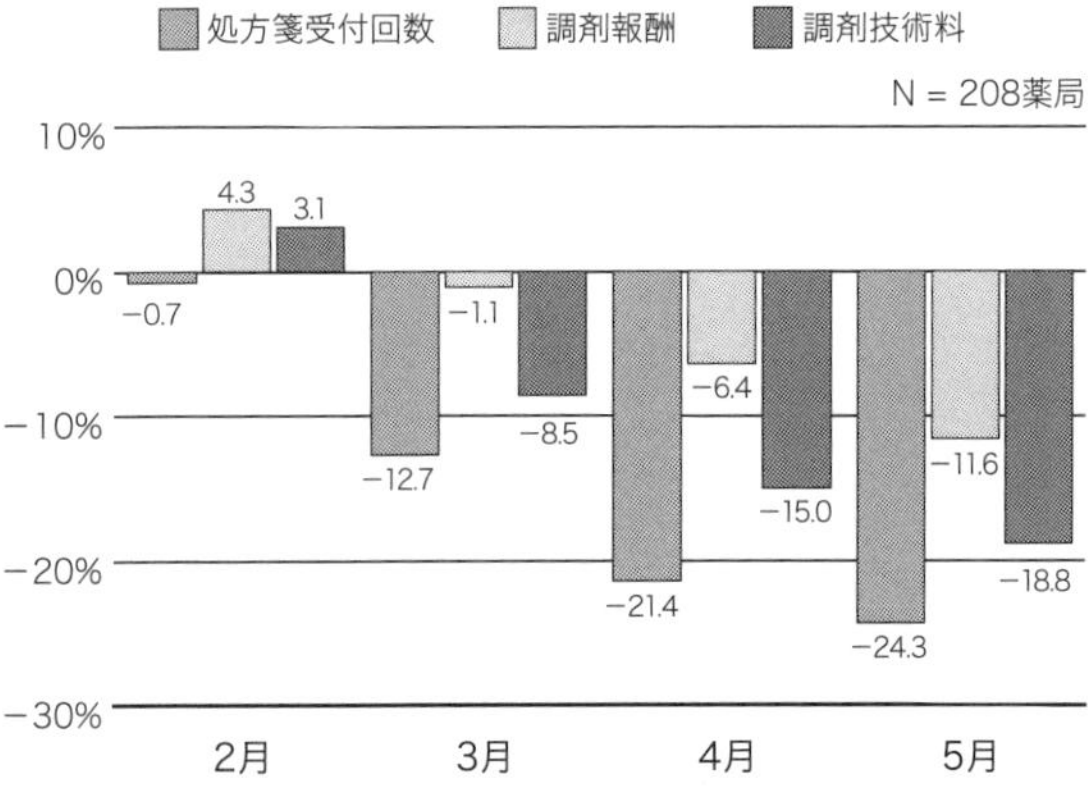

出典：公益社団法人　日本薬剤師会（2020年）

医科・薬科のレセプト前年比

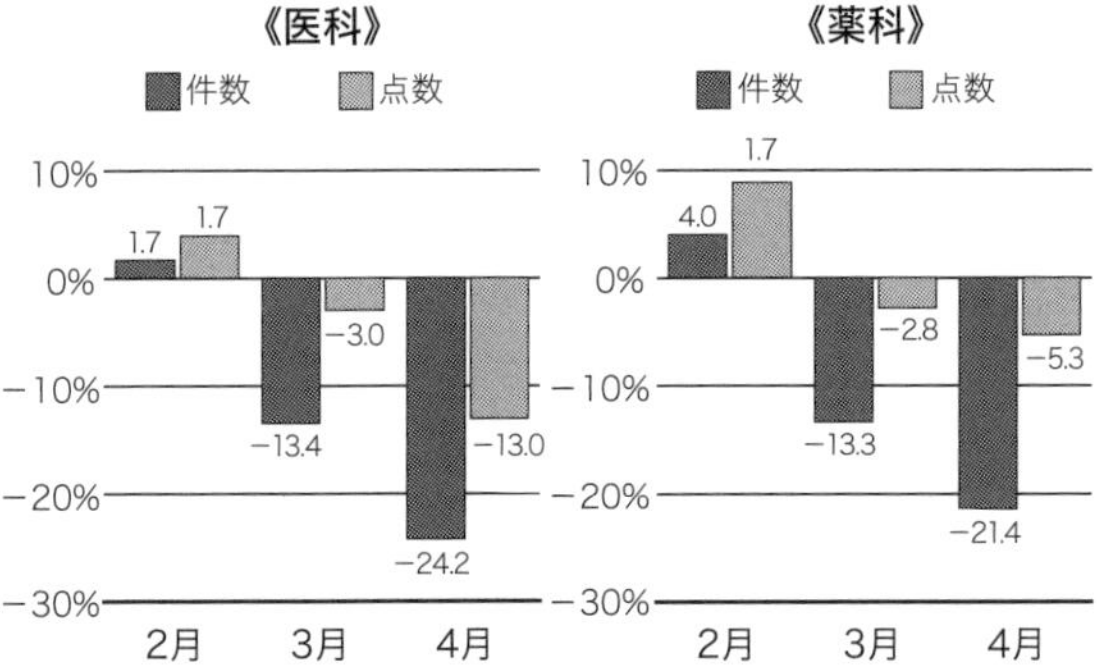

耳鼻科：−44.1%　小児科：−38.2%　眼科：−25.2%（4月）

出典：厚生労働省（2020年7月）

COVID-19の感染拡大が早期に完全収束することは、やはり困難でしょう。「ニュー・ノーマル（new normal）」という言葉どおりに新しい日常に慣れなければならないとなると、前章までに述べてきたように、薬局のあり方も従来の「調剤薬局」とは異なる形に大きく変えていく必要があるでしょう。

では、具体的にどうすればよいのでしょうか。

10年ほど前になります。私自身も自分の経営する薬局で、薬局のあり方を大きく変えなくてはならないという問題に直面していました（もちろんCOVID-19が理由ではありません）。

当時、私たちは、門前調剤薬局の社会的意義や発展性を考えて、在宅医療支援に舵を切りたいと考えていました。今までは、来ていただくことがメインのビジネスモデルだったのが、こちらから訪問することによって成り立つビジネスモデルに変更しようとしたのです。

今から思えば、30代半ばで若かったこともあるかもしれませんが、無手勝流、やる気だけで突っ込んだためにいろいろな混乱が生じました。ただ、そこでの経験をもとに、日々の緊張感と忙しさの中で、業務改革を行える三つのステップが少しずつわかってきました。

陳腐化した業務フローをリフレッシュする

事態は時々刻々とはいわずとも、年単位で少しずつ変わっていきます。特に2年に1度の報酬改定がある医療保険制度の中では、その点数表のあり方によって、時には小さくない変化が起こることもあります。

ただ、「調剤薬局」と称される現在の薬局運営のあり方は、この30年ぐらいは変わっていません。しかし、機械化やＩＣＴ化は格段に進み、薬局を訪れる患者の年齢層や疾病内容も変わりつつあります。もちろん、医薬品も革新的新薬が現れています。さらに、在宅療養支援業務が入ってきたり、ＯＴＣ薬への取り組みが強化されたりと、基本的業務の変更もある中で、薬局内の業務量、業務手順、さらにスタッフだけでなく患者の薬局内での動線もかなり変わっているはずです。

しかし、業務フロー全体を俯瞰してみて、現状に合ったものにやり替えるということはあまりなされていません。

今一度、業務全体の棚卸しをして、誰が、いつ、どこで、何を、どのように行うのか、そしてその理由は何かということを一つずつ考えて整理していくことは、薬局改革を行ううえで大切なことです。

こんな時によく出てくるのは「毎日が忙しすぎて、そんなことを考えている余裕がない」というものです。もちろん、その気持ちはわからないでもありません。しかし、現状、それぞれが「ここ、ちょっとムダだよな」とか「ここにはムリがあるな」と思っていることを、一度、全部出してみて改善するだけで、その後の作業効率は格段に上がることはよくあります。

「のこぎりの刃を研ぐ」というお話をご存じでしょうか。木こりが二人、見るからに切れそうのない錆ついたのこぎりでギコギコ大木を切っています。切れが悪いのこぎりなので、見ていても気の毒なぐらい効率が悪く、通りがかった人が二人の木こりがヘトヘトになっている姿を見て、「そののこぎり、切れが悪そうですね。一度、手を休めて研いでみてはどうでしょうか?」と声をかけるのです。すると、木こりの一人が「何を言ってるんだ。ただでさえ、こんなに忙しくて疲れているのに、そんなことやる暇なんかあるわけないだろ！」と答えて、また、二人でギコギコやっているという話です。

今の薬局業務は、じつは似たような感じになっているのかもしれません。毎日毎日、時計を気にしながら慎重に薬を準備し、ミスがないか入念に確認したうえで、的確かつわかりやすく、そして可能な限り親切に説明して薬を渡し、一連の出来事を遅滞なく薬歴に記載するといったことがメインになっています。患者さんは、医療機関ですでに長時間待っている場合もありますから、できるだけスムーズに事を進める必要があります。

毎日の業務は慌ただしい雰囲気に包まれています。一つひとつの業務では、無駄な部分や効率的ではない部分に気がついているところもあるけれども、忙しくてそれらの問題を解決している余裕は、時間的にも精神的にもない、といった感じです。「ちょっと、一度考えてみない？」と社長が薬局長に、薬局長が薬局スタッフになかなか言い出せないような雰囲気になっているのも、こういった理由があるからでしょう。

私が自社の薬局や、サポートさせていただいている薬局ですすめている業務改善の三つのステップとは以下のとおりです。

第一ステップは、**業務に携わっているスタッフ全員が集まる時間を確保すること**です。だいたい３～４時間は確保するようにし、みんなが議論できる場所と、付箋紙の束、大きな模造紙を用意します。

第二ステップでは、**業務全体をすべて書き出してみて整理することに取り組みます**。よくワークショップなどで行われるＫＪ法（東京工業大学　川喜田二郎名誉教授考案）にならって、どんなことでもいいので、付箋紙などにどんどん記入していき、それらを場面や内容ごとに分けて模造紙に貼り付けていきます。この過程は業務の効率化を進めるうえで極めて重要です。

ちなみに、私の経営する在宅業務が中心の薬局で行ったところ、27項目１３０工程ぐらいに分かれました。そうすることによって、忙しすぎて先が見えないと思っていたことが、ここまでやればうまくいくのだという相互認識が生まれ、一気に改善が進みました。

そして第三ステップは、整理された仕事の量をふまえて、いちばん効率的、効果的、そして安全な仕事の段取りはどうかということをゼロベースで考え、新しい業務フローを作ることです。

これらのプロセスでいちばん重要なのは第一ステップです。これは多少強引であっても、経営者や薬局長が号令をかけて、行う日程を決めてしまうことです。それには時間外手当が出るのか？　という質問が出ることもありますが、業務の一環として行いますから、時間給はつけるべきでしょう。また、そうしたほうが、参加するほうも参加させるほうも納得・安心して取り組めるのではないでしょうか。

機械化やICT化は積極的に導入する

全体の業務工程の整理と組み直しによって、新しい業務フローができたら、そこに最新の機械化やICT化を積極的に組み入れるようにします。もちろん、これには時と場合によっては思い切った投資が必要になることがあります。中小の薬局では社長案件になるとは思いますが、スタッフ同士で業務改革案を考える時には特に、第1ステップの段階をふまえて提案することで、社長も決断しやすくなるのではないかと思います。

私が申し上げるまでもないことですが、この10年ぐらいの機械化とＩＣＴ化の波は凄まじいものがあります。かつては技術的に難しいと思っていた内容が楽々とこなせるようになっていますし、同時に価格も購入しやすいレベルになっています。

個人的な話で恐縮ですが、私の母が大学卒業後（１９６５年）すぐに勤務したのが神戸大学医学部附属病院の薬剤部です。私が薬局の業務改革に取り組み始めた頃、ふと思いついて「その頃、どんな仕事していたの？」と聞いたことがあります。すると、卒業したてということもあったのでしょうが、一日中粉薬を乳鉢に量って入れて、乳棒で擂《す》って、薬包紙に巻いて包んでいたというのです。午前中は外来患者、午後は病棟の患者で一日が終わったということでした。

今では、これらの工程はバーコードで処方箋情報を読ませることで、すぐに何百包でも出来上がるようになっています。

また、ＩＣＴ化の進歩によって、薬歴の記載方法も変わってきました。今までは手書きだったものが、電子薬歴になり、物理的サーバーに置いていたものがクラウド薬歴になり、さらには、タブレットの普及によって、移動中でも記入できるようになってきました。また、記載を支援する仕組みも充実してきていますし、音声入力の精度も上がってきています。今後、ＡＩによる薬歴作成支援のサービスもより充実していくことが予想され、現場での業務はより効率的に、かつ確実に進歩していくでしょう。

業務フローを見直したうえで機械化とＩＣＴ化を進めていくと、薬局内のレイアウト変更が重要なことに気がつきます。そもそも薬局のレイアウトというのは、「なんとなく」決めていることが少なくありません。

薬局を開設する時には、物件の選定から、薬局の開設許可、保険薬局の認可、品揃え、スタッフの手配などなど、話が決まってから近隣のドクターの開業もしくは処方箋発行日までに間に合わせる必要があります。

締め切りが決まっているうえにやるべきことはたくさんあるとなると、薬局内のレイアウトやデザインなどは、専門の部署がある大手薬局さんならまだしも、社長や経営幹部がいろいろなことを兼任しながら行うので、どうしても「なんとなく」のものになってしまうのです。

さらに、そうやって始めた薬局が、5年、10年とありがたいことに継続していく間に、近くにもう一つ、別のドクターが開業したり、在宅訪問が始まったり、OTC薬を少し増やしたりといった業務変更が起こっていることもあります。

にもかかわらず、先ほどの「のこぎりの刃を研ぐ」ことがどうしてもできずにいると、スタッフはいろいろな無理や無駄、ムラを実感しながら働き続けるというケースも増えてきます。機械やICTは時々入っていくのですが、抜本的な変化の号令をかけずにいることが多いため、スタッフの店舗内での動線が交錯し、こんがらがっていることもあります。

薬局の業務改革を進めていくうえでは、ぜひ思い切ったレイアウト変更を行うことをToDoリストに入れていただきたいと思います。休日を一日潰すことになるかもしれませんが、これこそ、まさに「のこぎりの刃を研ぐ」作業で、終わった後は、気分も一新、より快適に業務に勤《いそ》しむことができ、効率も上がります。

薬剤師以外のスタッフを積極的に活用する

ここまで二つのステップを踏むと、業務上のストレスはかなり軽減されていきます。しかし、これだけではまだまだ抜本的とは言えません。服用後のフォロー、薬学的アセスメント、医師へのフィードバックという、新たな業務に薬剤師が積極的に取り組むためには、彼らの時間・気力・体力を確保しなければなりません。そのためには、業務の効率化や省力化が必要ですが、「薬剤師でなければ販売・授与の目的で調剤してはならない」という薬剤師法第19条があることで、かえって薬剤師の負担が増えてしまうというのが現実です。

前章で触れてきたように、複雑化した薬局内業務フローを整理すること、積極的な機械化・ＩＣＴ化を推進することを実現しつつ、「薬学的専門性はないが、業務的重要度は高い」領域の仕事を薬剤師以外のスタッフが担う必要があります。

元来、薬局には調剤事務を担う職員がいます。主には、処方箋の受付をしたり、患者に問診票を手渡して記入を促したり、患者の誘導や対応をする業務です。彼らにいきなり「専門職」のような仕事をさせるというのは無理があっても、もともとやっている仕事から少しずつ業務の幅を広げ始めたところ、あることに気がつきました。

そのきっかけになったのは、在宅医療業務における「居宅療養管理指導」を行うために必要な契約業務でした。医療保険は、患者が数ある医療機関や保険薬局の中から、その薬局を自発的に選んで入店された時に契約が締結されるので、医療保険を使うといっても、患者と個別に契約書が必要なわけではありません。しかし、65歳以上の方において優先的に適用される介護保険では、事前に重要事項を説明し、納得いただいたうえで契約書にサインしてもらう必要があります。この契約業務は、時と場合によっては薬局薬剤師にかなりの負荷がかかります。

というのも、対象が介護を受けている方なので、本人への説明では不十分なことが多く、家族や後見人への説明が必要です。息子や娘が働いている時には、平日なら夕方以後か週末にしか時間が空けられないことが多く、それに合わせて時間外に出勤し、契約のためだけに薬剤師が動かなければならなくなります。

また、サービスの内容だけでなく、それに伴う費用についても説明したうえで同意をいただき「甲は…、乙は…」という書類にサインをもらわなくてはなりません。中には、代金の支払いについて（なぜか）難色を示される方もいます。そういった方に、時間をかけてじっくりと説明し、納得したうえでサインをもらうためには、多くの時間や気力、体力を使います。

しかし、これらの業務は本当に薬剤師が行う必要があるのか、ということになりました。この契約なくして介護保険における「居宅療養管理指導費」を請求することはできませんから、業務のうえでは非常に重要です。しかし、薬剤師でなければならない、つまり、薬学的専門性が求められるかというと、そうではありません。薬学的な知識は、大きく分ければ理系に分類されると思いますが、介護保険における契約の締結ということになると、完全に文系的な領域になります。だとすると、これは薬剤師でなくてもいいのではないかということになりました。

それと同時に、問題が一つ湧き上がりました。薬剤師以外のスタッフ（当時は、アシスタントと呼称していました）に契約締結業務をお願いしたところ、「そんなの無理です」という反対の声が多数出たのです。

もちろん、契約はややこしい仕事ですし、店頭に来た患者とちょっと言葉を交わすだけの仕事とはずいぶん異なります。責任も重くなるので抵抗するのは当然かもしれませんが、説得を続けました。すると、最後に出てきたのは「だって、相手の人にこの説明書の内容を聞かれても、私たちわかりませんから！」というのです。

「？」という顔をする私に「薬剤師が何をしているかなんて、私たち知りませんから！」と言われて、私ははっと気がつきました。単にやってほしい、やらなくてはならないだけではダメで、きちんと内容を系統的に教える必要があるということです。そのためには、誰がやってもわかるような業務手順をまとめたマニュアルも必要になるのですが、果たしてどうしたものかと思っていました。

そんな時に、「社長、○○さんはいいんです。でも、△△さんはダメです。絶対に間違えます」という意見が出てきました。確かに、その薬剤師の言うことも一理ありました。○○さんと△△さんは明らかに能力が違うのです。「薬を間違えると、バイタルどころじゃなくなりますよ！」と半ば勝ち誇ったように言われましたが、ふと○○さんと△△さんの違いを比べてみることにし、その差を明確にした後で、それを教育カリキュラムとして下ろせばいいんじゃないかと思いつきました。

となると、教育カリキュラムの確立とマニュアルの作成という二つの作業が必須になりますが、これは想像するだに大変な労力と時間を要します。しかし、避けて通ることのできない作業であり、ここで取り組まなければなりません。

せっかく、それだけのパワーをかけて行うのであれば……とパートタイマーとして雇用していたアシスタントを正規雇用に切り替え、薬剤師が本当に信頼できるスタッフになってほしいという気持ちで「パートナー」という名称に変更しました。そのうえで、「業務的には重要だけれども、薬学的専門性はない、もしくは極めて低い」業務を前述の二つのステップで導き出しました。

ありがたいことに、教えてもいないのに、いろいろと気を回してやってくれる人がすでにいたので、私はその人のまねをするようにしながら足りない部分を洗い出し、ある程度系統立てて教えるようにしたのです。このことによって、パートナー教育カリキュラムの基本ができ、マニュアルが完成するに至ったのです。

現在では、パートナーは当社を支える重要な正社員として、薬剤師と連携して業務を遂行してくれるようになり、結果的に薬剤師は新しいことに取り組む時間・気力・体力が確保できているのです。

1974年以後、優れたビジネスモデルであった現在の薬局業務を根本的にやり変えることは容易ではありません。パパッと変わるような魔法はありませんが、これら三つの取り組みを一つずつクリアしていけば、きっと変わっていくと思います。

この改革は一朝一夕でできるものではありませんが、絶対に無理なものでもありません。現在の状況を自分なりに把握し、時間をかけてじっくりと対処していくことが重要になるでしょう。

第7章

薬局経営者よ、 腹をくくろう

――薬局バージョンアップに向けたステップ

新しいことにチャレンジして、長年慣れ親しんできた業務フローを変えていくためには、前章で述べた三つのプロセスを経なければなりません。しかし、薬剤師などのスタッフに抵抗感のあるプロセスであることから、薬局経営者はなかなか改革に着手しようとしません。

これは経営者としての怠慢にほかなりません。業務フローを変えていくことに着手するのは経営者しかできない重要な経営者マターです。それを避けていたのではは業務改革はできないでしょう。まずは経営者にその決断が必要です。そして、必要な業務改革のステップを踏んでいけば、変革は十分に可能です。

「業務を改革する！」という決断

私が好きな話の一つに、経営の神様と言われるナショナル（現パナソニック）を創業した松下幸之助さんの逸話があります。彼が中小企業の社長を対象に「ダム経営」という講演をされた時のお話です。

詳しくはインターネットで調べても出てくると思いますが、「ダム経営」とは（超簡単に言えば）、「金や人材はダムのように貯めておいて、足りなくなったらそこから出すことで安定した経営ができる」というものです。

その話を聞いた聴衆の一人が「ダム経営ができれば苦労しないが、それができない私たち（中小企業）はどうすればいいのかを教えてほしい」と質問したそうです。多少、苦情のようにも聞こえる質問に、松下幸之助さんは少し考えた後、「そうですなぁ。まず、最初にダム経営をする、と決めることでしょうなぁ」と答えたそうです。

要するに、変化は、経営者が「変化していく！」ということを決断することからスタートするのです。

前章で述べた三つのステップに取り組むことは、簡単ではありません。こんなことを言えば社員は辞めるかもしれない、総スカンを食うかもしれない、そんな余裕はない、ヒマはない、頼りになる右腕はいない……などなど、言い出せばきりがないくらい、できない理由は出てきます。

しかし、全国展開している上場企業の進出とその土地に根ざした中規模調剤薬局が林立する業界で、中小薬局がどのように活路を見出していくのかということは、そもそも簡単なことではありません。ここで重要なのは、薬局経営者が「やるぞ！」と腹を括ることです。

私も正直、迷いがなかったわけではありません。立地ではなく、人材に依存したビジネスであるべきだ！　と考え、薬剤師の専門性は何か、一人ひとりのキャラクターが生きるような働き方はないか、調剤報酬以外のサービスを構築できないかなど、いわゆる「調剤薬局」とは逆張りになるような薬局を運営する可能性を模索してきました。

いろいろな試行錯誤の中で、ちょっとした変化や具体的な事例をいくつか出すことはできましたが、この数年の敷地内薬局の議論に代表されるように、医療機関との距離をできるだけ詰めて立地を確保し、業務を展開することが、薬局の経済的基盤を強固にするためには不可欠だったわけです。

しかし、本書で述べてきたように、ＣＯＶＩＤ−19によって状況は本当に大きく変わりました。立地が最重要というのは、いわばビフォー・コロナの時代の原則であったわけですが、ウィズ・コロナの時代には、患者の流れが変わってしまいました。医療機関に行かずに処方を受けるという大きな変化は、その後の患者の行動を変えてしまうのです。医療機関との距離が近いことが患者の薬局選びの基準ではなくなりつつあります。

こういった状況の中で、何度か触れてきたように、

①薬局から半径1キロメートルでの認知度向上
②店舗内ワークフローの整理とマニュアルの作成
③新しいＣＸ（顧客体験）の創出

という三つのことを行っていけば、薬局への顧客流入経路が変わり、業務内容が変わり、経営形態が変わり、収益構造が変わっていくでしょう。

薬局バージョンアップに向けた3つのステップ

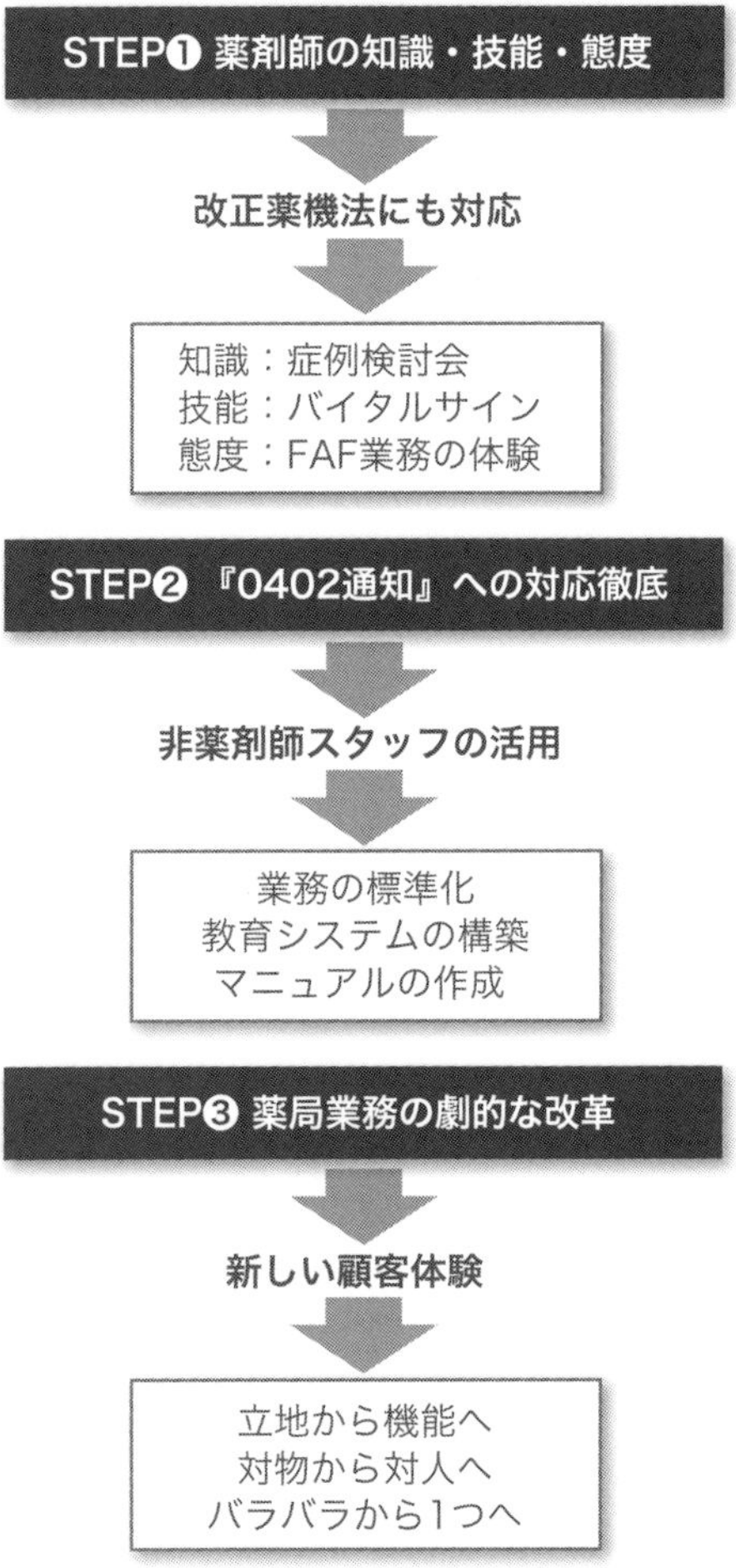

ステップ①――薬剤師の知識・技能・態度のバージョンアップ

いわゆる調剤薬局において、「お薬をお渡しするまで」という対物業務に専念してきた薬剤師を、「飲んだ後までフォローする」という対人業務にシフトさせるためには、薬学部卒業後も系統的な教育が必要です。特に、自社の薬剤師には、服用後の患者の状態を知るためのバイタルサインに関する技能とともに、そこで得られた患者情報を処方内容と照らし合わせて薬学的に理解し把握するための知識、そして、それらの情報を医師にフィードバックし薬物治療の質を向上させていくための対人スキルなどを学ばせる必要があります。

これは、一朝一夕で習得できるものではありませんが、10年かかるものでもありません。やると決めて、教育プログラムを社内に導入し、薬剤師をバージョンアップしていくことが第一歩です。

「知識」については、薬学部を卒業し、薬剤師国家試験に合格したわけですから、基本的には薬剤師の頭の中に入っているはずです。これを思い出すためには、「症例検討会」のような取り組みが有効だと考えてきました。

といっても、難しいことではありません。在宅でも外来でも、セルフメディケーションでも、「この人、どうやったらもっと良くなるんだろう?」と考えても答えが出ないで困っている症例を、薬局内の薬剤師が集まってみんなで考える。すなわち、症例を検討するという会です。なぜご飯を食べないのか、なぜ肝機能が上昇するのか、なぜ……と服用後のフォローをしていけば、疑問符はいくつも出てきます。

中堅以上の薬剤師になると、日常業務では薬学的な知識をあまり使っていないので、少し苦労するかもしれません。「そんなこと、国家試験以来、使ってないわー」と半泣きになりながら考えている薬剤師も、スマホを駆使することで少しずつ思い出します。また、卒業したての若い薬剤師が、国家試験用の参考書を持ち出してきて「この表はそういう意味か!」と理解して合点がいったということもよくあります。

三人寄れば文殊の知恵と言いますが、一人ではわからなくても、集まって検討会をしていると、「次回、○○してみよう!」という結論にたどり着くことができるものです。一度、だまされたと思って試してみてください。

「技能」については、患者の状態を知るために、血圧や脈拍、聴診、SpO_2（経皮的動脈血酸素飽和度）、むくみの有無などがチェックできるような手技を、ひと通りは習得しておいたほうがいいでしょう。

かつては「（薬剤師は）人の身体に触れてはならない」という都市伝説すらありましたが、今や薬学部で患者の状態を知るための技能を習得する時代です。生涯研修の一環として、薬剤師会が開催している講習会なども活用していくといいでしょう。私が主宰する一般社団法人日本在宅薬学会でも、２００９年から「薬剤師のためのバイタルサイン講習会」をスタートし、延べ５０００人の方が受講してきました。

「態度」については、実際に服用後のフォロー、薬学的アセスメント、医師へのフィードバックという一連の流れを経験してみることです。最初は誰しも慣れませんし、怖いものです。そもそも、新しいことを行う時に最初の1例目は大変です。2例目もそれなりに大変ですが、3例目以上は、もう同じです。外来であれば、気になる副作用が出そうな時期に電話でフォロー、在宅であれば単独で訪問し、患者の状態を薬学的にアセスメントし、必要に応じて医師にフィードバックするということを行っていくことで、望ましい態度は身についてきます。

ただ、これを継続して行うためには、前章で述べたような取り組みを店舗内で行い、薬剤師がこのような仕事を行うための時間・気力・体力を持ち続けている必要があります。これをせずに突っ込んでいくと、どこかで力尽きて終わってしまいますのでご注意ください。

ステップ②――『0402通知』を正しく理解し活用する

薬剤師がこれらの知識、技能、態度を手に入れ、患者の状態を知り、薬学的に評価し、処方医と連携して薬物治療の質的向上を図っていくためには、薬剤師が卒業後も継続して勉強し、薬学的専門性を活かした業務に挑み、経験を積んでいくことが求められます。

また、薬剤師がこういった業務や取り組みを行っていくことで、患者はもとより、医師や看護師といった医療従事者や介護職が薬剤師の専門性をあらためて認識し、そこでしか得られない医療サービスがあると理解すれば、立地ではなく機能によってこその薬局や薬剤師を選んでいくようになるのだと思います。そのためには、私たちが「パートナー」と呼ぶ薬剤師以外のスタッフと薬剤師が連携して、日常業務をしっかりこなしながらも、いわゆる生涯学習、卒後研修、ひいては学術的な活動に取り組む必要があります。

そもそも法的にも慣習的にも、欧米でいう「テクニシャン」制度のようなものが日本においては実現が困難だとされてきましたので、我が国で積極的に、また、おおっぴらに取り組んでいる事例はほとんどなかったように思います。

しかし、私自身は、自分の薬局での業務改革で、このテーマはたいへん重要だと考え、薬剤師経験の後、弁護士になられた赤羽根秀宜先生とも相談しながら、いろいろと取り組んできました。

赤羽根先生にお願いをしたのは、単に現場を知る弁護士さんだったからというだけではなく、厚生労働行政推進調査事業補助金厚生労働科学特別研究事業の「かかりつけ薬剤師の本質的業務と機能強化のための調査研究」（研究代表者　望月正隆先生）の一員として、調剤とは何か、そこで薬剤師が行うべき本質的業務とは何かということを明らかにする研究に携わっていたからです。

我が国において、いわゆる「テクニシャン」制度が難しいのは、前章でも少し述べたように、薬剤師法第19条があることが理由でした。ご存じのように同法においては、薬剤師以外の者が販売・授与の目的で調剤を行ってはならないことが定められています。したがって、調剤薬局における業務は、基本的に薬剤師がやらなくてはならないように考えられてきました。

もちろん、これはこれで正しいことですが、見方によっては、「調剤室」に薬剤師以外の者が立ち入るのはまかりならない、というようにも考えられます。実際、私も自分が経営する薬局で、社長であるにもかかわらず「調剤室」に入ることを躊躇したような記憶があります。また、2000年代に入り、急速に機械化やICT化が進んできた中で、例えば自動分包機のスイッチを押すのは薬剤師でなくてはならないかとか、ハンディターミナルを用いたピッキングは本当にダメなのかといった議論が散発的に繰り返されてきました。

私個人は、薬学教育が6年制に移行したことや、ポリファーマシーに代表される薬にまつわる問題がいまだに残っていることを考えれば、薬剤師以外のテクニシャンがこれらの業務を担うことは、当然認められるべきことだと考えています。一方で、法的にグレーな解釈のまま業務として現場に下ろすことはブラックと判断されてしまうと考え、いろいろな手段を講じて、考えを練ってきました。

そこで、今一度、現場の業務の整理や見直しを行うとともに、私たちが育てるべきは単なる薬局事務としてのアシスタントではなく、臨床現場で薬剤師が信頼して共に働ける重要な人材としてのパートナーなのだ、ということを社内に宣言しました。それとともに、前章でも触れたように、マニュアルを教科書として教育を行える体制や社内認定制度を作りました。

同時に、これは薬剤師法第19条に抵触するものではないというストーリーを赤羽根先生に相談しながら作ったうえで、完全にホワイトとする解釈で業務プランを作り、何かあれば会社が責任を取るということで、現場に下ろしました。

結果的に、この取り組みにより、安全かつ効率的に業務が行えるようになりましたし、薬局の経営上も労務管理と採算性の観点から展望を持つことができるようになりました。

とはいえ、不安があったのは事実です。当初は、もし、地元の厚生局から何か指導をいただいた場合には、当社としての解釈をきちんと説明したうえで、是正しようと覚悟を決めていました。

また、オフィシャルなつながりだけでなく、個人的なつても駆使して、こういった取り組みは、薬剤師法第19条に抵触しようとしているものではなく、薬剤師が本来果たすべき役割、取り組むべき業務（＝薬剤師の本質的業務）をサポートしていくはずだということをいろいろな方々に伝えてきました。その際にも、現場の薬剤師やパートナーの動きを実際に赤羽根先生にもご覧いただいたうえで、議論をしたり学びを深めたりした内容をバックボーンとして持っておいていたことは、今から考えればとてもよかったと思います。

これらの経緯をふまえて、薬剤師ではないスタッフが業務に安全にかつ合法的に取り組むために必要な内容をカリキュラム化し、社内で2年ほど稼働させてみましたが、やはり、これは重要な仕組みだということを実感しました。そして、２０１７年

3月には、一般社団法人日本在宅薬学会で「パートナー制度」として整備し、その検定制度や受験に向けた教育プログラムを作成し、世間一般に問うことにしました。

どうなるか内心不安でしたが、果たして、全国からたくさんの方が受講してくれるようになりました。そこでも質問をいただくのは「これは、本当に（法律上）大丈夫なのか？」ということです。

そんな時に私は、「まずは、ホワイトと信じられる解釈をきちんと社内で確立して、万一（行政から）指導がきた場合には、その意図や主旨を説明し、修正を求められたらそれに従うことで対応してはどうか？」と説明してきました。ただ当初は、グレーな部分を突っ込まれたらどうしようとか、変わったことをやって社員が辞めたらどうしようといった懸念もあり、なかなか踏み出すことができなかったように思います。

しかし、我が国では長くグレーではないかと思われてきたこの領域は、2019年4月2日に発出された『調剤業務のあり方について』と題する厚生労働省からの通知で条件等が明確にされ、事態は一変しました。薬剤師が対人業務に注力するために、薬剤師以外の人間が対物業務を担うことは、一定の条件を認めていればできるはずだ、という解釈が初めて示されたのです。薬剤師の目の届く範囲で、判断を挟む余地のない機械的業務であれば、薬剤師以外のスタッフに対する研修の実施と手順書の整備が行われていれば可能であるということが認められたということです。

4月2日に発出されたので、『0402通知』と呼ばれるこの通知を十二分に活用し、薬局事務のレベルアップを図ることは、薬局運営を変えていくためには不可欠な条件であり、「これを行うぞ！」と決められるのは社長しかありません。

ただ、その際に気をつけていただきたいのは、この趣旨を正しく認識したうえで活用するということです。言い方を換えれば、この通知は、ピッキング要員を育てて対物業務をさらに効率的に行うためではなく、薬剤師が患者のために行う対人業務をより確実にするためにあるのだということをご理解いただきたいと思います。

ここをはき違えると、薬剤師以外のスタッフは仕事を振られて不満が募ることになり、時間に余裕ができた薬剤師がのんびりと過ごしてしまうようになります。このような状況が続いていくと、薬剤師とそれ以外のスタッフは有機的に連携できなくなり、最終的に良い結果が得られません。

ステップ③——逆算的に考えて、薬局業務を劇的に改革する

薬剤師の知識・技能・態度のレベルが上がり、非薬剤師の合法的な活動が広がっていけば、薬剤師の活動内容や、薬剤師以外のスタッフのあり方が変わります。それによって薬局の業務内容が変わり、患者へのサービス内容が充実していきます。

今までは、病院に近接して薬局を開局し、そこになんとなく患者が処方箋を持ち込むことを期待するという「待ちのビジネスモデル」でした。疑義照会や医師の処方箋に基づく薬の準備はするものの、飲み方や効能効果、注意すべき副作用などは、今や、患者自身でその情報を手に入れることができるようになりました。

ＣＩＰＰＳという大変革の中で、患者の受療行動も大きく変わることを述べてきました。にもかかわらず、従来どおりの業務に固執していては、薬局経営そのものが成り立たなくなる可能性が高くなってしまいます。

では、薬局はどうあるべきか——。

私は、患者の動きや医療全体の方向性を逆算することで、薬局の業務を劇的に改革

できると考えています。高齢化が進み、疾病構造も変化する中で、これからは面分業、在宅医療へのシフト、セルフメディケーションへの推進が進んでいくでしょう。

現在、私たちが思い描いているようなステップではないかもしれませんし、進み方の速度もどうなるかわかりません。しかし、行き着く先は、『患者のための薬局ビジョン』に示されたように、「立地から機能」「対物から対人」「バラバラから一つ」というキーワードをなぞりながら、「門前からかかりつけ、そして地域へ」と変わっていくでしょう。

その着地点は、すでにぼんやりと見え始めています。面分業で外来患者の処方箋を広く応需したり、在宅医療の患者にも積極的に介入したり、ＯＴＣ薬や機能性食品を活用したセルフメディケーション、セルフケアにも関わったりすることを通じて、地域における薬局の認知度を上げるだけでなく、患者に新しいＣＸを提供することにより、初めての客が、**既存客⬇リピーター⬇ファン客** となっていきます。

このように逆算的に考え、現在の自分の薬局のあり方を見直すと、薬局経営のあり方をドラマティックに変えるためのきっかけが見えてきます。

こういった大きな変化を決断できるのは薬局経営者以外にありません。過去の成功体験を断ち切り、慣れたビジネスモデルを離れる勇気を持ち、いわばマインドセットを変えて、あるべき姿を追い求める決意を固めて組織を変えていくことができるのは、薬局経営者のみです。その自覚こそが、これからの薬局経営を切り拓いていくファーストステップと言えるでしょう。

第8章

人間の本能を理解する

――自分自身に変革を起こすためのポイント

薬局のあり方を変えるのは容易ではありませんが、その理由を一つずつ考えて段階を踏んでアクションを起こしていけば、それぞれの現場で微妙にやり方は違うでしょうが、確実に変えられるはずです。

実際、私たちのやり方を参考にして、薬局内組織変革に取り組まれているところや、私たちが一部お手伝いをさせていただいているところなどの話を聞くと、手順としてはほぼ同じようなものになるようです。「対物業務から対人業務」という薬剤師業務の大転換をいかに行うのかという観点で、社内の体制を見直し、人材教育システムを変え、業務フローを新しくしたうえで、薬剤師と非薬剤師の協働体制を作るといったことをやっていきます。

このようなプロセスは、バイタルサインへの対応にしても、在宅医療にしても、非薬剤師との協働にしても、世間一般の薬局や薬剤師のあり方とは違ったものであり、当初は違和感があったかもしれません。

しかし、振り返ってみると、薬剤師が患者の状態を知るためのツールを理解し活用することは、医療においては当然のことです。超高齢社会となった我が国で地域包括ケアシステムという概念が確立されたのであれば、「住み慣れた地域で最期まで」というコンセプトを支えるためにも、薬剤師の在宅医療への参画は必須です。また、薬剤師が専門性を活かすことはポリファーマシーの改善に役立ちますし、そのような対人業務を行うためには、機械化やICT化が進んだことも考えれば、薬剤師でないスタッフとの協働体制の構築が欠かせません。

薬剤師は人の身体に触ってはならない、在宅なんて行く必要もないし、そもそも儲からない、薬剤師がすべて行うのがよいはずで法律もそうなっている、といった批判を直接的、間接的にいただくことはありましたが、この20年で事態は大きく変わっています。

薬学教育は6年制になり、薬剤師や薬局は、医療専門職、医療提供施設として定義されています。『患者のための薬局ビジョン』が策定され、薬機法が変わり、『0402通知』が出て、調剤報酬も変わってきました。しかし、薬剤師の仕事や薬局のあり方は、2001年に私が実家の薬局を目にした時と大きくは変わってこなかったというのが正直なところです。

そんな時に、誰も予想しなかったCOVID−19の感染拡大というのが世界に蔓延し、日本も大きな影響を受ける中で、いよいよ業界は変わらざるを得ない状況になっています。過去20年、変わる変わると言われながら変わってこなかった業界は、まだなんとなく様子見を続けているように思います。

本書を手に取り、ここまで読み進めていただいているのは「変わらなくてはならないことは認識しているけど、変われない。なぜなら、周りが変わろうとしないからだ」という悩みをお持ちの方かもしれません。

最終章では、そんな皆さんに、周囲を巻き込みながら、薬局のあり方を変えていくために押さえておきたいポイントを三つお話しします。

人間は変化を恐れる

一つ目は、そもそも人間は変化を恐れ、嫌うものだということです。これは、人間の性格というよりも、長い人類の歴史の中で本能的に持つ習性なのだと思います。そもそも、食事も住居もあって、こんなに毎日が安全に暮らせるようになったのは、この200年ぐらいのことです。

夜中も煌々《こうこう》とライトがつき、道は舗装されていて、慣れた道をいつものように移動することができ、基本的には安全な毎日が送れるようになりました。しかも、最近では携帯電話がスマホになり、他者とのつながりがいつでもあるような社会環境が現実のものとなり、万が一のことがあっても、なんとかなるという状況にもなっています。登山の途中で道に迷っても、スマホで連絡が取れて助けが来るというありがたいことが可能になったのは、良い時代になったと言えるでしょう。

その一方で、何か確証のないことへの恐怖感は、急激に強くなった気がします。チャレンジすることへの抵抗感は有形無形に存在し、私たちの中に「いつものとおり」「今までどおり」でよいという保守的な傾向が根づいてきたように思います。良い学校、良い大学に進学し、良い会社に就職して、良い人生を送るということが是とされる風潮が広がり、医療に携わる私たちも、少なからずその影響を受けてきました。

特に医師や薬剤師は変化を嫌う傾向にあるように思います。何事も前例どおり、基本的には今までの方法を踏襲しつつ、その範囲内での改善を少しずつではあるけれど熱心に行うということは、経験的にも精神的にもしっくりきていたのかもしれません。

薬局経営についても同様です。処方箋を発行する医療機関にできるだけ近接して出店し、「早く・正しく・わかりやすく」をモットーに調剤を行い、薬を渡すところまでを担当すれば、最終的に収益がきちんと残る、というビジネスモデルを変えるというのは、やはり嫌なものです。

短期間で上場企業がいくつも輩出されたというのは、それだけ破壊力のあったビジネスモデルであったということです。医療の一端を支えていることの自負とともに、収益性が高いビジネスとなれば、これ以上望むべくもないと考えるのが普通でしょう。「対物業務」に専念することで、自らの正当性や有効性を実感しつつ、お金が回っていくという成功体験を経て、新しいビジネスモデルにシフトするのは、たいへん難しいことかもしれません。

ゆで蛙になるな

では、いつまでも動かずに少しずつ改善をし続け、「待てば海路の日和あり」のことわざどおり、現在の荒れ狂う天気はいつか晴れ、また前のように素晴らしい日々が戻ってくることを祈り続けていていいのでしょうか。

形骸化された医薬分業という形態は、医療の面からも、社会保障制度の観点からも、薬学教育の流れからも難しくなってきました。実際、保険調剤制度も薬機法も変わり、『0402通知』によって、状況はますます変化に向かっていこうとしています。

それでも、従来のビジネスモデルにこだわりつつも、なんとか今までのやり方を改善しようと、機械化やICT化を進めて現場の作業をより効率化する努力もしています。また一方で、企業の買収や売却を繰り返して規模の経済へと持ち上げたり、はたまたさまざまなロビー活動等によって現在のビジネスモデルの存続を図ろうとしてきたことも事実です。

もちろん、こういった活動は自由に行われるべきですが、私はどうしても「ゆで蛙」の話を思い出してしまうのです。これは寓話ですが、今の「調剤薬局」業界のあり方を端的に表しているようにも思います。

昔、棲み心地のよい池があって、そこにはたくさんの蛙が棲んでいました。そこではみんながハッピーでニコニコしながら、快適に暮らしていました。ただ、最近その池の水温が少しずつ上がってきて、なんだか棲みづらくなってきました。最初は、快適な温度で泳ぎ回るのにもちょうどよかったのですが、水温が上がるにつれて泳ぐとすぐに疲れるようになったり、ずっと水中にいるのが苦痛になって葉っぱの上で休まざるを得なくなったり、といったことが起こるようになってきました。

いつかはまた気持ちのいい水温になって楽しく過ごせるかな、と思って待ってはみたものの、さらに水温は上がっていきました。毎日少しずつ上がっているので気がつきにくかったのですが、ある時にちょっと思い返してみると、やはりだいぶ棲みづらくなっていることに気がつきます。ふと、周りを見回すと、「もうダメ、耐えられない」とばかりに、ぴょんと池から外の世界へ飛び出している蛙もいることに気がつきます。でも、池の外には今まで行ったこともなく、その向こうには蛇がいるかもしれないし、きちんと暮らせる場所があるかはわからないし、怖くてどうしても思い切ることができません。

やっぱり、もうちょっとここにいるかと、池の中で少しでも水温が低いところがあるかもと探し回ったり、泳ぎ方が悪いのかと工夫したりしてみますが、状況はどこも同じでどんどんつらさが増していきます。

ここにいては、ダメだ。今こそ、飛び出さないと！と意を決して、さぁ！というまさにその時に、隣にいた友達の蛙がポンと肩に手を置いて「なぁ、外に行くなんて、そんなこと言うなよ。俺たちここでハッピーに暮らしてきたじゃないか。

あんなことも、こんなことも、いいことといっぱいあったじゃないか。もうちょっと工夫してみようよ。外に行くなんて言うなよ」と言うのです。なじみのある昔からの友達にそんなことを言われて、「そうか、やっぱり、そうかな」と思いとどまって、また池の中でいろいろとやっているうちに、蛙は結局ゆで上がってしまいました。

「調剤薬局」という池は、本当に棲みやすかった。良いこともたくさんあったし、やりがいも楽しさもあった業界です。しかし、環境は徐々に変わってきています。今日の状態だけでなく、数年前、10年前のことを思い返してみれば、本当に変わってきていますし、ビジネスの採算性という観点からのみ考えれば、環境は悪化しているといったほうがよいでしょう。調剤報酬改定は2年に1回ですし、法律が変わったり、薬学部の教育課程が6年制に移行したり、政府から通知が出たりしても、その変化は徐々に現れてくるものであり、なかなか自分自身を変えようという思い切りがつかないのも当然ではあります。

でも、そのままずるずる過ごしていると、結局はゆで上がってしまう、つまり、薬局の経営としては立ち行かなくなったり、薬剤師としては働く場所を失ったりという大きな現実に直面せざるを得なくなる可能性がある、と私は思います。

こんな時に、対応の方法は二つあります。

一つは、熱湯が注ぎ込まれた時に、えいっと飛び出してしまうことです。少しずつ温度が上がるから気づかないうちにゆで上がるのです。「熱っ！」と思った時に、腹をくくって反射的に行動することは、たいへん勇気が要ります。

「調剤薬局」業界においては、ＣＩＰＰＳというパラダイムシフトがその熱湯にあたるでしょう。患者数の減少、まさに激減という表現がぴったりです。この急激な変化にどのように対応するのかは、これからこの業界で活動する人々の将来を決めていくことになります。

そしてもう一つは、とにかく変わるのは怖い、変わるのは嫌だというのはいいとして、今の状態は本当にハッピーか、ということです。少し過激な表現で恐縮ですが、患者には「早くしろ、加算は取るな、説明もいらない」と言われる、医者は話を聞いてくれないし、何か言えば「薬剤師ごときが医者にモノを言うな」と電話を切られる、給料は低いわけじゃないけれど、医師はもとより看護師よりも高いわけじゃない……などなど、今の状態は薬剤師にとって、けっしてよいとは言えません。

薬局経営者にとっても、大手にはヒト、モノ、カネの面で太刀打ちできない、慢性的な人不足でスタッフも何か言えば辞めてしまう、隣のドクターには頭が上がらない、「分業止めるぞ！」と言われてしまうと、すべてが終わってしまうかもしれない、という恐怖など、経営者ならではの辛さもあります。

とはいえ、今まで薬剤師にも少なからぬ給料を払えたのは、「調剤薬局」がそれなりに儲けることができたからです。しかし、売上のもとになる価格は公定価格（調剤報酬）であり、自分でコントロールできるわけではありません。調剤報酬改定は2年に1回ですが、過去10年のトレンドを見直し、今後の状況を展望すれば、渡すだけの部分でコストを回収して十分に稼ぐことは難しいと言わざるを得ません。しかも、CIPPSによって患者の受療行動は変わり、医療機関の隣にあるからといって、患者が流れてくるという時代ではなくなってきています。

売上＝客数×客単価であることを考えれば、客数も回復が見込めず、客単価は下がり続けるとなると、事態は予想している以上に深刻です。

当然のことですが、これは薬局経営者だけの問題ではありません。今までは売り手市場だった薬剤師求人市場も変化の兆しが出てきましたが、薬局がうまく経営できなければ、薬剤師の給与水準も考えなくてはならなくなります。

「給料は上がりません」「賞与を少し下げます」となると、極端な話ですが、今までは「じゃ、別の薬局に行きます」と辞めてしまっても、翌日から働くことができました。ところが、基本的にはすべての薬局がそうなのですから、ここがダメならあそこに行けばいいや、という状況ではなくなりつつあります。

勤めている薬局の今のままのビジネスモデルが続くことは、薬剤師にとって最高でもハッピーでもないわけで、だとすれば、居続ける意味はどこにあるのでしょうか。

住み慣れた領域から飛び出すこと、変化することは怖いことですし、リスクもあります。しかし、居続けること、動かないことのリスクも考えるべきでしょう。

自分にとってのWhyを確認する

では、いったいどうすればいいのでしょうか。

ここまで、その答えになるようなことをお伝えしてきたつもりですが、なんとなく頭の中がモヤッとした感じの方もいらっしゃるのではないかと思います。

薬局経営者としては、自社の薬局が立地ではなく機能で選ばれるようなビジネスモデルを考えて実践していくことが必要です。

「病院の隣にあるから来ました」という患者ではなく、「ここに来ないと私の問題は解決しないから来ました」という患者（＝顧客）が大半を占めるようになるには、薬局がどういった機能を持つべきでしょうか。

まず、社内の業務内容、教育体制を刷新し、「調剤薬局」とは異なる収益の上げ方を考えていくことが、ゆで上がらないためのポイントになるでしょう。

薬剤師としては、薬を渡すところまでではなく、服用後までフォローし、薬学的に患者の状態をアセスメントして、必要があればそれらを医師にフィードバックすることへ、業務の力点をシフトしていくことが必要になると思います。いわば、薬という物を早く、正しく渡すことではなく、患者という人を良くすることを自分の仕事として捉え直して行動していくということになります。

そのためには、今までの経験や、昔の勉強を思い出すことだけではなく、新たに学び習得していくべき知識や技能、態度が必要だと思います。今まで、薬剤師の生涯教育というのは、なんとなく盛り上がりませんでしたが、これからは、生涯教育をきちんと行うことが他の医療専門職以上に重要になってくるでしょう。そういった仕組みを持つ薬局に勤務することを望む薬剤師が増えていくことは間違いありません。

池から飛び上がった後の人生を豊かにするためには、自らの業務を対物業務から対人業務へとシフトしておくことが重要だということです。

薬局のビジネスモデルを変える、自分の業務を変えるというのは、パワーが要ることです。恐怖から逃れるために人間は大きな力を発揮するものだ、ということを聞いたことがありますが、まさにそのとおりです。

このまま行くと、薬局は立ち行かなくなる、薬剤師として就職先がなくなるという恐怖は、もちろん人を動かします。ＣＩＰＰＳのような大転換の時代には、こういったパワーを有効に使うことは意味があることですが、より本質的かつ永続的なパワーになるものは、恐怖という外的な要素ではなく、内的な要素です。

すなわち、自分はなぜ薬局経営を行うようになったか、薬剤師という職種を選択したのかという自分の根源的な理由、すなわちＷｈｙを今一度確認し、それに基づいて自社や自分のこれからを形作るという能動的なアクションを起こしていくことが重要なのです。

もちろん、人生は単純なものではありませんので、たった一つの理由で今の事業や職業を選択しているわけではないでしょう。成り行きもあれば、金銭の問題、才能の問題、縁、運などいろいろな経緯や理由があるはずです。しかし、さまざまな周辺の要素をそぎ落としていった時に残る根本的な理由が、誰にでもあるはずです。

薬局経営においては、じつは企業理念や経営理念、社是などにその思いが込められていることがあります。それをあらためて読み返し、自分が創業する時の、または事業を継承する時の思いを今一度思い返してみれば、きっとその根っこと思われる部分にタッチできると思います。

薬剤師の場合には、自分が中学生や高校生の時に、薬学部を志した理由の中で、外的なもの以外のものを思い返してみてください。きっと浮かび上がってくるものがあるでしょう。

もちろん人それぞれだとは思うのですが、医師の処方箋に基づいて正しく薬を準備して、迅速に渡すことを事業や業務の目的にしていたのではないということは、共通しているのではないでしょうか。

患者の役に立つ会社を作りたい、患者を良くしてあげたい、という思いが事業の面からも仕事の面からも医療に携わる人の根幹にあるのだと思いますし、そうあるべきだと思います。

今回のＣＩＰＰＳでこの業界を離れる人や会社は一定数あるでしょう。もちろん、世の中には、たくさんの業界や仕事があり、どれが優れていてどれがダメだということはありません。それはそれで良いことだと思います。ただ、薬局業界そのものを離れるということは、結果的にこの根幹がずれていることが理由になっているのかもしれません。

変わろう変わろうと思っても変われない。そんな時には、本章で述べてきたように、変わりたくないという人間の本能を認識しつつ、「ゆで蛙の話」を思い浮かべながら、熱湯が注ぎ込まれている今というタイミングを逃さないこと、そして、自分自身のＷｈｙを再認識して、内なるパワーを活用することを意識していただきたいと思います。

あとがき

私が、外科医一辺倒だったキャリアを外れ、薬局業界に身を転じたのは2001年頃でした。当時は分業率もまだ低く、「調剤薬局」という業種は認知され始めてはいましたが、調剤過誤防止に関わるリスクマネジメントや、POSに基づくSOAP形式での薬歴記載、さらには、正確かつわかりやすい服薬指導のためのコミュニケーションといったものが議論として上がっていました。

日本薬剤師会の学術大会でも、だいたいこういったところの演題が多く、コンプライアンスの話はあったけれども、アドヒアランスといった用語はまだまだ一般的ではなかったと思います。

この頃は、薬剤師の仕事といえば、薬を渡すまでのところをいかに正確・迅速に行うかということと、薬に関する説明をいかにわかりやすくコンプライアンスを保ってもらえるようにするのかということ、さらには、一連の業務をきちんと記録に残すにはどうしたらいいのか、ということが主流で、一言で言えば「お薬をお渡しするまで」という対物業務が薬剤師の仕事だと考えられていた時代でした。

その一方で、機械化やＩＣＴ化が進み、これらの業務をわざわざ時間外の費用まで払って薬剤師にやってもらう意味はどこにあるのだという批判や、医療においてこういった制度は本当に質的向上に貢献しているのかという問題提起、さらには、社会保障制度下で行われるべき事業としての費用対効果など、種々の問題が噴出してきました。

しかし、これらの問題がちょっとした議論を引き起こしたことはありましたが、現場は大きく変わることはありませんでした。１００年の悲願と言われた薬学教育６年制が２００６年に実現し、これからは医療現場でも活躍の場をより広げる臨床薬剤師が増えるのだ！　という熱気あふれた時期はあったものの、薬局ビジネスというのはあまり変わらずにきたように思います。

本書でも述べたように、成長期から成熟期に入ったこの10年ぐらいは、成熟期らしい業界での出来事や課題のあぶり出しなどがあり、いよいよ業界全体は変わりつつあるのだという機運が高まってきたように思っていたところに起こったのがＣＩＰＰＳという大転換です。

　これは薬局や薬剤師のあり方を根本から見直すべき大きな流れであり、このトレンドを理解しておくことは、薬局経営者はもとより薬剤師自身にとっても来たるべき未来のあり方を大きく変えるものです。

　業界の成熟期は改善が主流になりますが、導入期から成長期に入ったばかりの業界では抜本的な見直しや価値の再創造が求められますし、そこでは今までの歴史や経緯をふまえたうえでの新しいビジネスモデルの構築が必要になります。

　そのためには、小手先の改善ではなく、マネジメントの大転換が不可欠であり、私自身は薬局経営者としてその必要性を痛感し、手探りで実践してきました。

　今回、ご縁があって私自身が考え、実践してきたことをまとめる機会をいただきました。いつものことですが、私が考えていることを隠すことなくすべて本書にぶちまけたつもりです。

私が医師、そして薬局経営者として必要だと思っているエッセンスをまとめた本書が、業界の今後に展望を見出せずに困っている皆様の一助になれば、うれしい限りです。

なお、このような情報をよりタイムリーにお届けしているのが、狭間研至のオンラインサロン「DMM 薬局経営3・0倶楽部」（https://lounge.dmm.com/detail/2073/）です。

ぜひ、機会があれば、このサイトで私の情報を受け取るだけでなく、ベクトルを同じにする多くの薬局経営者の皆さんとのディスカッションを通じて、日々の業務にお役立ていただければ幸いです。

《著者紹介》

狭間 研至（はざま・けんじ）

PHB Design 株式会社 代表取締役社長
ファルメディコ株式会社 代表取締役社長
一般社団法人日本在宅薬学会 理事長
医師、医学博士

1969 年、大阪生まれ。1995 年、大阪大学医学部卒業後、大阪大学医学部付属病院、大阪府立病院（現大阪府立急性期・総合医療センター）、宝塚市立病院で外科・呼吸器外科診療に従事。2000 年、大阪大学大学院医学系研究科臓器制御外科にて異種移植をテーマとした研究および臨床業務に携わる。2004 年、同修了後、現職。
調剤薬局経営のかたわら、医療法人思温会にて在宅医療の現場等で医師として診療を行うとともに、一般社団法人薬剤師あゆみの会・一般社団法人日本在宅薬学会の理事長として薬剤師の生涯教育に努めるほか、近畿大学薬学部、兵庫医療大学薬学部の非常勤講師として薬学教育にも携わっている。

著書に『薬局が変われば地域医療が変わる』（じほう）、『薬剤師のためのバイタルサイン』『図解 臨床調剤学（共著）』（以上、南山堂）、『薬局 3.0』（薬事日報社）、『外科医、薬局に帰る』（薬局新聞社）、『薬物治療学（共著）』（化学同人）、『薬局マネジメント 3.0』（評言社）などがある。

■狭間研至のオンラインサロン「DDM 薬局経営 3.0 倶楽部」
https://lounge.dmm.com/detail/2073/

評言社 MIL 新書 Vol.001

CIPPS 到来！　業界大転換期を乗り切れ

2020 年 11 月 11 日　初版　第 1 刷　発行

著　　者　狭間 研至
発 行 者　安田 喜根
発 行 所　株式会社 評言社
東京都千代田区神田小川町 2-3-13 M&C ビル 3F
（〒101-0052）
TEL 03-5280-2550（代表）　FAX 03-5280-2560
https://hyogensha.co.jp
企画制作　株式会社 エニイクリエイティブ
東京都新宿区四谷 1-3 望月ビル 3F（〒160-0004）
TEL 03-3350-4657（代表）
http://www.anycr.com
印　　刷　中央精版印刷 株式会社

ISBN978-4-8282-0713-1 C3234

評言社 MIL 新書発刊に際して

我が国の社会保障費は毎年過去最高を更新し、平成 30 年度は国民医療費 42.6 兆円、介護費 11 兆円に達した。高齢化と同時に進行している少子化により、現行の社会保障制度は「いずれ破綻するであろう」ことは、識者の指摘を待つまでもなく数式が明らかにしてくれるであろう。必然的に行財政のベクトルは社会保障費の圧縮に向かう。だが、事は人間の生命と尊厳にかかわることである。そうは簡単に縮減できないのも事実である。

この状況の中で、医療を提供するさまざまな業態（医師、歯科医師、薬剤師、看護師、保健師等の医療専門職。病院、クリニック、介護施設等のサービス提供機関。製薬会社、医療機器会社、検査会社、薬局、ドラッグストア等の企業。大学等の各種専門教育機関等）および、それらを有機的に結びつけ最良かつ効率的な社会システムを構築しようとする行政にとって、現在以上に社会経済環境が厳しくなることが明確な中で、よりよい方策を見出していくことは至難の業とも言える。

「未来は過去と現在のシステムの延長にある」とするのか、「未来は過去と現在のシステムの破壊的革新の先にある」とするのか、考え方は人それぞれである。だが、いずれの思考も、待ったなしで行動し進化していかなければよりよい未来は築けないであろう。これまでの有史がそうであったように、これからも人間がさまざまな環境変化の中で生き延びていくためには、進化は必須なのである。

本書では、医療関係の各分野のオピニオンリーダーに近未来を俯瞰していただき、読者の方々が進化を模索する際に、広大な原野の中の一つのマイルストーンとして読んでいただければと考えている。

※ MIL；Mission In Life